散歩

小林聡美

小林聡美×森下圭子

葛飾柴又

映画「かもめ食堂」で一緒に仕事をした、フィンランド在住十六年の森下さん。彼女の三週間の〝来日〟に合わせ、葛飾柴又を共に散歩しました。柴又といえば、小林さんのほとんど地元。五月というのに三十度を超える猛暑の中、話題は「寅さん」からフィンランドの結婚制度、〝小林聡美世界の旅〟計画まで、尽きることはないのでした。

矢切の渡し渡ったら、もう千葉。

（上野発、高砂行きの京成線の車内は、平日のお昼前という時間帯のせいか、がら空き。常に元気で明るく、声の大きい森下さん、車内で素敵な帽子をかぶった初老の男性たちを発見し、声をひそめて）

森下　いい味出してますね。ご挨拶に伺いたい感じ。

小林　森下さんはすぐ、誰とでもお近づきになっちゃうから。

森下　小林さん、下町に住んでて、中学生くらいのときには結構原宿とか行ってたんですか？

小林　どうかなあ、行ってたかな。中学生後半くらい。

森下　小学生のときは。

小林　小学生のときは、もう上野ですよ。アブアブとか、誰も知らないよねー。まだある？　どうなのかな？

森下　え、アブアブって？

小林　なんかファッションビルみたいな。修学旅行の洋服とか買いに行って。でも、丸井ができて……丸井ができた頃から上野あんまり行かなくなった。

森下　小林さん、高校はこのへんだったんですか？

小林　高校は江戸川区ですよ。

森下　金八先生みたいな？

小林　あれは荒川だから（笑）。こっちは江戸川、もう、ほとんど千葉。矢切の渡し渡ったら、もう千葉。

森下　矢切の渡し、楽しみですねー。

小林　渡る時間は、もう数分。たいした距離じゃないですよ。

（隅田川を通過して）

森下　あ、あれ矢切の渡し？

小林　違うよ、屋形船じゃない？　矢切の渡し、あんな立派なもんじゃないから。もう、ボート。もっとちっちゃい。半分沈んでるってイメージが私の中にある。

（編集がガイドブックの矢切の渡しのページを見せると）

小林　あれー、こんなおっきいんだー。こんなにおっきかった？

森下　観光っぽくなってるのかもしれませんねー。

小林　あ、ほら昔の写真。ボートでしょう。沈みそうでしょう。

森下　昔っからあったんですね、矢切の渡し。

小林　矢切ってなんなんだろう？

森下　ねえ、なんなんですか？

小林　なんだろう？

（次は青砥《あおと》、青砥――）

小林　え、もう青砥？　近いんだね。子どものときはすごく遠く感じた。あ、これ中川です、中川。

森下　中川って言われても全然イメージわかない。

小林　新中川と中川がある。隅田川、荒川、中川と越えて江戸川になるんです。

森下　あ、中川も立派な川なんですね。

小林　そうですよー。あ、高砂。ホームタウン！　こんなですわ……。ここで乗り換えるんだよね、直行じゃないいんだ。あ、ほらここからも中川見える、立派でしょ（笑）、高砂橋。

（高砂駅到着。東京とは思えない、のどかなローカル色漂うホームに二人降りたつ）

小林　うわぁ、のどかやねぇ。どうしよう、母親とかに会ったら、駅で（笑）。いやだなー。

森下　なにやってるの、あなた？　って。

小林　他人のふりしよう。いませんように。

森下　って、思えば思うほど、念が逆に通じちゃう。

小林　あ、スカイライナー。

森下　おお来た！

二人　いってらっしゃいー（スカイライナーに手を振る）。

（小林さんが勧めた漢方がよく効いているのか、「なんか、漢方飲んでから、いろんなものが出てる」とくしゃみを連発して、しきりに洟《はな》をする森下さん。「はい、洟かんでください」と小林さんからティッシュを差し出され、盛大に洟をかむ。そうこうしているうちに、柴又行き電車到着）

小林　うわー、この電車古いね。かわいい。

森下　うん、いいですね。懐かしい。

小林　そしてあのパンダ。京成のマスコット？

森下　あ、あの電車もかわいい。京成意外と……。

小林　都営浅草線もつながってるし、品川の方も行くし、鮫洲《さめず》も行くし、意外と便利、京成線。東銀座まで一本だし。

森下　あー、じゃあ歌舞伎見に行くときとか便利。

小林　そうそう、もうないけど。閉まっちゃったね。

森下　あれ、いつ閉めたの？

小林　四月（二〇一〇年）いっぱい。

金のうんこ、こちらでーす。

（柴又駅到着。森下さん、ホームに貼られた演劇のポスターに、懐かしい名前を発見したらしく、突然ホームに響き渡る声で爆笑する。改札から駅前に出ると、たくさんの観光客が）

小林　着いた、早かった！

森下　もう着きました。

小林　これみんな観光じゃない、ひょっとして。絶対そうだよ。すごいねえ。寅さんだねえ。

森下　えー、びっくりしたー。ここは普通の家がこうして建ってるのにね。

小林　いきなりありますよ「コーヒースタンドさくら」。しかし、暑いなぁ、かき氷日和ですなぁ。おっとすごいぞ、観光客が。

（寅さん像前にて）

小林　これ実物大かなぁ。

森下　ね、この小ささってなんか……。

小林　おっきいかな、おっきい？　ちょっと。顔が大きい気もするし……。柴又の方を向いて、こっちが正面？……なるほど！　柴又の方を向いて、行ってくるよおいちゃんって……。この看板も読んでほしいわ、森下さんに。

（小林名調子で読み上げる）

『寅さんは〜、損ばかりしながら生きている。江戸っ子とはそういうものだと別に後悔もしていない。人一倍他人には親切で家族思いで、金儲けなぞは爪の垢《あか》ほども考えたことがない。そんな無欲で気持ちのいい男なのに、なぜかみんなに馬鹿にされる。もう二度と故郷になんか帰るものかと哀しみをこらえて柴又の駅を旅出つことをいったい何十辺くり返したことだろう。でも故郷は恋しい。変わることのない愛情で自分を守ってくれる妹のさくらが可哀想でならない。ごめんよさくら、いつかはきっと偉い兄貴になるからなあ〜。車寅次郎はそう心に念じつつ、故郷柴又の町をふり返るのである。山田洋次』

なるほどねー、振り返ってるんだ柴又の町を。

（寅さん像近くの土産物店の店頭で、若い女性店員が大きな声で呼び込み中。「ちょっと、あれ、何ですか？」めざとく見つけた森下さんが近寄ると……）

店員　金のうんこ、こちらでーす。金のうんこございますよ。こちらでしか売ってない金のうんこ、いかがですか？

二人　あはははは。

小林　すっごい言い慣れてる、あのお姉さん。「金のうんこありますよ、金のうんこ……」なんだろう、金のうんこ？　意味がわからない。

森下　（店員さんに）なんでここは金のうんこが有名なんですか？

店員　柴又の帝釈天《たいしゃくてん》が金運の神様になっていまして、ご利益のつもりで出しましたら、意外と人気が出て、ご利益のあった方がたくさんいまして……。

小林　金運がいいってことですね。

森下　言い慣れてますねえ。

店員　最初は恥ずかしかったんですけど、慣れました。金のうんこのお姉さんって呼ばれています。

二人　あはははは。すごいなー。

小林　金のうんこ貯金箱もある。シールもあるよ、森下さん。金のうんこシール。

森下　あと、カエルの口の中に……。

小林　むちゃくちゃですよ。

（参道の入り口でおみくじを見つけ）

小林　おみくじ、やってみようよ。やろうよみんな。誕生日だね、これ。……「あなたの性格は」からきてるよ。性格と……金運なんだね、結局。なにいきなり笑ってるの？

森下　「あなたの性格は激しい心の持ち主であるとともに、情熱的であり、また冒険的であります」

小林　はははは。当たってるー。すごい当たってる。

森下　「しかし、傲慢、独裁、横柄などの悪い傾向があるので……これらを自制しないと失意のどん底に落ちる可能性がある」だってー。あははは。

小林　私のやつもなんかね、「あなたの性格は頑固で自我の強いように表面は見受けられますが、（小林名調子で読み上げる）……内心はひじょーに思いやりの深い同情心を持った方です。派手な性質のように見える反面その実は、細心で、心にわだかまりがありません。反省力、思考力、適正さ、同情心、積極性、進歩性はその特色であり、これらをよりよく発揮することが肝要である」ふーん。「しかし、教養と理想の蓄積をもって心がけねば、手に負えない頑固者になったり、ははははは、その場の気分で事を処するため思いがけない失敗をする恐れがある」なんか、格言がある。「人間は明らかに考えるために作られている。それは彼の全品位であり、彼の全価値である」パスカルだって。

森下 「二十歳は意志に支配され、三十歳は才智に支配され、四十歳は判断に支配される。グラッドストーン」

小林 きたきたきた、四十歳は判断だって。

森下 あ、最後の一言。「報酬だけをあてにした働きには感謝の心は起こらない」

小林 私のは「物質の貧しさは嘆いていても心の乏しさには気づいていない」だって（笑）。結構きついね。面白いねー。まだあるよ、現在のあなたの運勢は……。細かいね。ふふ、「結婚、誘惑には特に気をつけなさい。美貌が……美貌が魔手を呼びます」……あはははは。

森下 気をつけないとー。

小林 「平凡な結婚を馬鹿にしてはいけません」

二人 馬鹿にしてはいけません（笑）。

森下 私の結婚、「近々にロマンスがあります。立派な人であることが理解できるまではお待ちなさい」……。

小林 適業、私、歯医者さんまたは教育者。私、占いとかによく教育者に向いてるって書いてある。

森下 私の適職は、一定の型にはめられた仕事でなく、出張の多い仕事、旅行、演劇関係、スポーツ等、活動的方面がよろしい、だって。

小林 すごい！ 当たってるんじゃない？ これお土産にもいいよねー。

（参道の両側には食堂、団子屋さん、お土産物屋さんなどなどがびっしりと並んでいる）

小林 このへんも昔はこんな立派な舗装じゃなくて普通のコンクリでしたよ。こんなシャレちゃってね。

森下 じゃあ寅さんはこれは歩いてない。

小林　そうだよ、寅さんのときは砂煙あげちゃってね。

森下　でものんびりしてますよね、観光地だけど。

小林　そうそう、そんなに人も多くない。でもね、大晦日《おおみそか》っていうかお正月、すごかった記憶がある。

森下　人で？　ごったがえし？

小林　もうぎゅうぎゅう。

森下　ここらへんの人たちが初詣に来るとしたらここ？

小林　うんうん、そうそう。うちの父親とかほんともう、朝の五時くらいに家を出て、元旦の。ここでお参りして、草団子買ってきてね、帰りに。こ朝風呂入って、あけましておめでとうっていう、そういう一年の始まり。

森下　やっぱりお正月には甘酒……？

小林　あ、ここで？　どうなのかなぁ、私すごくちっちゃいときに行ったきり……もう何十年もねえ、来てないので。

森下　そうですよね。

小林　あーでもなんか、向こうから笠智衆さんとかが、ここを歩いてきそうだよね。

逆回しで。ご飯の前にホットコーヒー。

（店頭にたくさんの種類の飴が並んだ、飴専門店を発見）

小林　なになに、飴？　飴、美味しそう。梅の飴、セキトメ飴……これ、なんかいいんじゃない？　あんこ飴。柔らかい。美味しそう。

店員　これは柔らかいからね、嚙むと歯につきやすい。

小林　あー、詰め物が取れちゃう。

森下　元祖初恋の飴は味噌味ですよ。ふははは、味噌……。（店員さんに）お父さんがそうだったんですか？

（「誰とでもお近づきになる」森下さんの本領発

揮。職人風の店員さんに初恋談義を……）
店員　三代目がそうだった。
森下　三代目が作ったんですね。お父さんは今、何代目なんですか？
店員　今五代目です。
森下　じゃあ私、初恋の味を買おうかな。あと、五色とセキトメと……。
小林　初恋の味？　へー、私ちょっとあんこ飴が気になるなー。だってこれ柔らかいんだよ。要冷蔵なんですね？
店員　柔らかいとね、くっついちゃうからね。ちょっと形が変わっちゃうけど、冷蔵庫に入れとけば大丈夫。
小林　セキトメ飴もいいなー。
店員　生姜《しょうが》とよもぎですよ。
小林　え⁉　それはいい！
森下　体にいい！
小林　これだ！　これをふたつ。これいいよ、生姜も入ってるし、よもぎも入ってるし。
森下　これは何ですか？「日本の音」。
小林　こんこんこんこんって飴切る音が、（店員さんに）ね、日本の音って。
店員　そう、紹介された。
小林　何時頃切ってるんですか？　いつも。
店員　これは日曜祝日です。はいどうぞ（味見を差し出し）。
二人　ありがとうございます。
小林　美味しいね、この飴。
森下　美味しいですよ。
小林　そろそろお昼にしましょうか。せっかくだからあそこで食べましょうよ、髙木屋老舗。寅さんのロケが行われたという。
森下　そうしましょう。
（髙木屋老舗の店頭にて。ここは最初に窓口で食券を買うシステム）
小林　おでんに茶飯、あ、ところてんもあるよ。

店員　ところてんは蜜かお酢かおっしゃっていただいて。

森下　本格的だ。

小林　じゃあ、おでんをふたつと、茶飯をひとつ、ところてんをふたつ、お団子セットふたつ、あとコーヒーもください。飲みますか？

森下　私もコーヒーください。

（テーブルについて、iPhone談義。フィンランドでは五十代、六十代のエンジニア系おじさんのアイテムだそう。すると店員さんがやってきて）

店員　失礼いたします。さきにお飲物をお持ちいたしました。ホットコーヒーのお客様。

二人　……はい。

（当然、ホットコーヒーは食後のつもりだった二人、絶句）

店員　これね、焼きたてのあったかいおせんべいだから。

二人　あ、ありがとうございます。

（さらに、サービスのおせんべいが食事の前に）

森下　全部、こう順番を逆に持ってきてる……。

小林　逆回しで。ご飯の前にホットコーヒー。

森下　おでんの前にホットコーヒーとおせんべい。

小林　（うんうんと頷き）従うよ。

森下　これが柴又流。

店員　失礼いたします。ところてんになります。

森下　はい、ありがとうございます。……今度はところてん。

店員　茶飯とおでんは少々お待ちください。

森下　……はい。この逆回しっぷり。じゃあ、あったかいおせんべいから。お、美味しい、焼きたて。……、あ、お団子がきた。

店員　おでんと茶飯、少々お待ちください。

二人　（苦笑）

（小林、「男はつらいよ　柴又より愛をこめて」のあらすじを全部語り終わる）

店員　失礼いたします。おでんになります。こちらお熱いのでお気をつけください。あと、茶飯もう少々お待ちくださいませ。

二人　はい……。

店員　すみませーん、お待たせしました。こちら茶飯になります。

二人　ありがとうございまーす。

（ご飯がやっと調ったところで）

森下　ところてん、食べますか？　すっごく美味しいですよ。ヘルシーな感じ。

小林　昨日ね、ちょっと危険な食生活だった。昨日は、朝がバームクーヘン。昼はホットケーキ。夜が焼肉。ちょっとバランスがねー……。

森下　小林聡美って感じじゃないですよね。

小林　昨日はちょっとね、何かに憑かれてた。お昼の、神田の「万惣フルーツパーラー」のホットケーキは……。もたいさんの映画の試写へ行ったのね。それで、京橋だから神田が近いから、「万惣行って、ホットケーキ食べようかな〜」と朝から思って。そんななので、朝ご飯をちゃんと食べないで行ったの。そしたら、結局、朝はおめざのバームクーヘンだけになっちゃって。

森下　バームクーヘンとホットケーキは、だいぶ似てる。

小林　振り幅が大きいよね。粉もの、粉もの、ときて、肉。

森下　肉は家で？

小林　外で。

森下　焼肉食べながら、やっぱりキムチ食べたりとか、ナムルとか。バランスよく？

小林　もちろんキムチ食べたし。でも、バランスといっても、結構やっぱり脂とかそういうのがね……。焼肉なんて、全然食べないでしょう？

森下　今、食べてないですね、全然。

小林　フィンランドなさそうだもんね、焼肉。

森下　ない。

小林　なんでないんだろう？　あんまり好きじゃ

ないのかな？

森下　薄切りしないですよね、肉を。

小林　韓国の人もいる？　フィンランド。

森下　一応います。でも、レストランでは焼肉のああいうグリルみたいなのの設置が、法律で違反になるんですって。

小林　なに？　設置が厳しい？　設置が禁止？

森下　ああいうグリルが、置けないんですって。

小林　なんでだろう？　あれだけいろんな国でやってるのに。

森下　ねえ。自分たち、外であんなに焚き火してるのに。

小林　（力強く）そうだよねえ！　家の中で火を焚くっていう感じが、許せないのかなあ。

森下　そうかも。「室内は危険」みたいな。でも、暖炉ありますけどね。サウナもあるけど。

小林　におい？　換気？

森下　わかんない。でも、レストランでそれはダメなんですよね。

小林　ふ～ん。不思議だねえ。

寅さんも　イナバウアーで　見るツリー

（ようやく食事を終えて、外へ。五月とは思えない陽射しが、北欧のさわやかな気候に慣れた森下さんに容赦なく照りつける）

森下　うわー、まぶしい。私これはもう十六年経験してない。

小林　ははははは。ヘルシンキは暑くて何度くらい？

森下　暑くてもね、湿度がないから、からっとしてて。

小林　今日はまだそんなに湿度はないけど、これからだよねー。でも昨日、湿度高かった、うちの湿度計が六十とか七十近かった。髪の毛もぐりんぐりん、湿気で。森下さん、ほんと大丈夫？

森下　息吸ってる量が普段の六割ぐらいだ……。
小林　要冷蔵の飴を持ったまま、灼熱の炎天下の柴又。全部くっついて、飴が一枚になっちゃう。
森下　私の初恋の味も……。
小林　結局もう、どろどろに、初恋……。
森下　もう最悪。
（お店のウィンドウに飾られた短冊に目をとめて）
小林　あ、なんか川柳がありますよ。「スカイツリー　東京砂漠　見て嘆き」「寅さんも　イナバウアーで　見るツリー」ってどういうこと、これ？　なんで？　なんで寅さんがイナバウアー？どういうこと？
森下　全然意味わかんない。
カメラ小嶋　高すぎて（背中が）反っちゃうってことですか？
二人　あーーーー!!
小林　寅さんも、はあーーーってぐーーって反って見上げるってことね。
二人　なるほどねーーー。
小林　ダメだね、勉強しなきゃ、川柳。
（江戸川の矢切の渡し方面へ散歩）
小林　あちらに見えます「川甚」というお店がですね、こちらの地方では何かお祝いがあったりすると、あちらで宴《うたげ》を催して、宴会したりするんですよ。
森下　へーーー。
小林　しかし食べ物は鯉なんですね。
森下　えーーーー。鯉の洗いとか？
小林　そうなんです。子ども心にねー、盛り下がったね。
森下　結構においがあるって。
小林　そう、それで歯触りも、なんか……。鯉って、でもあんまり食べないでしょ。ここでうちのお姉ちゃんの成人式のお祝いやったりとか、私もやったのかな、ここで……。なかなか、おもむきのあるお店なんですけどね。
森下　そうですよね、地元のみんなが使ってるってことは。
小林　まあ、出し物が鯉なので、かなり渋いよね……。
森下　鯉っていえば、ドイツかな、ドイツの一部の地域かな、クリスマスかお正月に鯉を食べるんですよ。
小林　でもフライとかにしてでしょ、きっと。鯉の洗いとかじゃないでしょ？　酢味噌つけて……。
森下　うん、それは違う……。
（江戸川の河川敷に出た二人。広々としていて、気持ちいい）
小林　（突然高らかに歌う）♪連れてー逃げてよー。あ、ここに（渡し船の）模型があるよ、ほら。
森下　今、歌の衝撃があまりにもすごくて（笑）。
小林　♪ついてーおいでよー（歌う）ラーララララー、ラララララー、矢切の渡しぃーーー。
森下　よく覚えてる。
小林　でも肝心なとこはわからない。ちゃーちゃちゃ、ちゃらりらりら……。
森下　あー、さびが全然思い出せない。
小林　さび？　さびはー、ほにゃららー、矢切の渡しーちゃらっちゃーちゃらりらりらりーららー ちゃーららりーーらーー、ちゃーらりらりらりー、じゃない？（ちゃらりらだけで歌いきる）
森下　すごい！
小林　きっと、間違ってるかもしれないけど。
森下　でもそんな感じですよ、きっと。
小林　大体演歌っていったらこんな感じだよね。
森下　大体ね、ちゃらりでなんとなく。
小林　♪ちゃらりらりーららー。
森下　なんとなく終わるのが……。
小林　ここは高校時代にマラソン大会のコースでした。

森下　へー、これはきれい。なんかいいですね。
小林　あれぇ？　あそこ？　なんか人がものすごく並んでるじゃない。矢切の渡し。
森下　ほんと、並んでる。
小林　乗る？　どうする？
森下　あれって反対岸に行くんですよね。
小林　そう、たぶんあっちに渡るだけ。でも大騒ぎかもね、おばちゃんたちで、わーとか言って。
森下　まあ、可能性はある。
小林　でも私たちも負けないけどね。
森下　特に私がいる場合は。
小林　あははは。そうなんだよねー。
森下　おばちゃんたち以上のパワーありますからね。
小林　おばちゃんたちをさらに活性化させる力がありますからね。
森下　気をつけないと。でもちょっと私、この暑さで、今元気なくなってきてるかもしれない。
小林　ちょっとちょっとー、日陰日陰ー。
森下　大丈夫です、まだまだ大丈夫です。そういえば、フィンランドでやっぱ三十度超えるとさすがにみんな日陰に入る。それまではみんなどんなに癌になるって言われても、太陽に向かって。だけど、さすがに三十度超えるとみんな。逃げるように。
小林　ぐったり？　日傘なんか使わないもんね、向こうの人。
森下　そうですよ、日傘さすと「雨降ってないよ」って言いますもんね。
小林　熱中症とかなっちゃうよ、森下さん。手ぬぐいも買ったほうがいいんじゃない？　寅さん手ぬぐい、頭にかぶったほうが。
（ペットボトルの水を手に取って、頭につける森下さん。「あー、気持ちいい〜」）
小林　あははは、ほんとに濡らしてるよ、頭のてっぺん。

森下　ほんとに暑くてびっくり。話で聞くんですけどフィンランドの人、夏に日本に来て、そのまま病院、点滴、入院。

小林　えー。熱中症みたいなのになって？

森下　たぶんそうだと思います。わかんないんですよ、暑さの度合いが。

小林　そうだよ、危険だよ、日光は。

森下　危険ですね。こんなに陽射し強かったでしたっけ、日本は。

小林　強いよ、強い。

森下　全然記憶にないんですけど。

小林　すごい並んでるね。矢切の渡し。そして、タンポポの毛もすごい、これタンポポ？　虫？（大量の大きな綿毛が飛びまくっている）タンポポ？　タンポポであってほしい。蚊？

森下　何かの綿毛……。木ですね、これ。

小林　木？

森下　たぶんね、柳系のなんか、違うかな？

小林　わー、でもこれなんか、鶏の雛の死骸のけむけむだったら怖いね。

森下　やだ、やだ。

小林　すごい飛んでるー。吸っちゃいけないのかな、これ。なにこれ？

森下　溜まってる（地面に毛布のように溜まっている）。

小林　すごいねー。木からなんだ、柳なんだ。（矢切の渡し乗り場の行列を見て）あーこれみんな観光の人たちなんだ。すごいね、大勢いる。乗る？　どうする？　時間大丈夫？　私は六時までに恵比寿に行ければ大丈夫ですよ。

森下　じゃあ、並びましょうか。でも、毛が……。さすがの私もちょっと喋れないですね。

小林　これ、黙らすいい方法ですね。森下圭子を黙らせる法。

森下　綿毛を飛ばす。

二人　ははははは。

小林　これ乗るときにお金を渡すのかな？　森下さん、……急に静かになった。（綿毛で）目も開けられないよね。

森下　うーーーーん。

（しばし沈黙）

森下　……初めての沈黙が。

（しばらく沈黙。なかなか来ない矢切の渡し）

小林　どこ行ってるの？　矢切の渡し。周遊してるの？　百円なんだからいいのにね、そんなサービスしなくても。なんか目に入った気がする、けばけば。百円で何やってるのー、サービスしすぎ。

森下　ほんとほんと。風まで出て来た。

小林　さらに柳のけむけむが飛ぶよ。

森下　このずーーっと聞こえてくるトランペットの音は……。

編集　練習ですね、河原につきものの。

小林　フィンランドいないですか？　町中で練習してる人。

森下　いないですね。

小林　東京多いよね。代々木公園とか、駒沢公園とか。家で練習できないんじゃない？　うるさいって言われて。

森下　あー、そうか。フィンランドは若い子だったら、若い子たちが集うユースセンターみたいなのがあって、無料で借りられるんですよ、スタジオ。

小林　へー、いいですよね。

編集　やっぱり税金高いですか？

森下　高い高いーーー!!　もうなんか不況になってから、税務署が言うこときかない。

小林　税務署が言うこときかないってどういうこと？

森下　こっちがどんなにこれ仕事なんですよー、って説得しても。

編集　あ、経費で落ちづらいとか。

森下　落ちない落ちない。

小林　へー。大変なんだねえ。……矢切の渡し来ないね……。どこ行っちゃったんだろうね。
編集　今、向こう岸に着いたみたいですね。
二人　え、今やっと？
編集　どうしましょうか、もう。
小林　やめますか。
森下　はい、いいですよ。
小林　びっくりした、平日でこんなに。ねえ。どんだけ観光地？　柴又。これさぁ（矢切の渡し）変に観光みたいにしないほうがいいよねえ、昔からの機能でさ、向こうに行くだけの。
森下　そうですよー。下手にきれいに回ろうとするから。
小林　渡すだけでいいのにねー、向こうに。変に観光っぽいことしてるじゃない？
森下　ぐるぐる回ってねえ。（渡しが）やっと戻って来た。
小林　時間かかりすぎ。
森下　十分じゃないよ、これ。
小林　ほんとに。

ヘルシンキ市では、離婚もよく聞く話。

（帝釈天方面に戻り、昭和初期に建築された和洋折衷の美しいお屋敷「山本亭」の和室でお茶。小林さんはホットコーヒー、森下さんはアイス抹茶）

小林　疲れたね。日に当たって……。
森下　日に当たりましたね。
小林　夜は恵比寿で体操なんだけど、なんかもう、体操どころの体力が残っていない気がする。
森下　この暑さで。
小林　この暑さと、森下さんで（笑）。この間も、なんか四方山話《よもやまばなし》をしていたら、この私がですよ、四時間も喫茶店に軟禁されて（笑）。ねえ～。
森下　びっくりでしたね。あの日は止まらなかった。

編集　何トークだったんですか？

小林　う～んと、「夫婦《めおと》トーク」。

森下　四時間。

編集　（二人とも）周りにあんまり夫婦者がいないから……。

小林　そうなんだよね（笑）。

森下　そうなんですよ。私もやっぱり感覚がね、フィンランド人とは違うんですよ。「いいじゃん、べつに」みたいな。みんなあっさりしてるから。

小林　だって、離婚率八〇パーセントだって。すごくない。

森下　そう。友達が、八割ぐらいだよって、ヘルシンキは。ヘルシンキ市だけでは。

小林　ずっと一緒にいるほうが……。

森下　ほとんど奇跡みたいな。だから、「なんか素敵な、寄り添った老夫婦ですね」とかって言うと、「二年ぐらい前に、ダンスホールで知り合いました」みたいな、七十歳で。

小林　なんでそんなに離婚しちゃうんだろう？

森下　あのね、ひとつやっぱり言われているのは、女の人が離婚しても生活していけるんですよ。

小林　それは大きいね。やっぱり福祉？

森下　うん、福祉がしっかりしているから、シングルマザーになっても、全然不安はない。だから、去年取材したお母さんが言ってたんですけど、「私は、幸せになりたいから」って。自分自身も幸せになる権利はあるんだからって。

小林　だから、離婚するってこと？

森下　そうそう、だから結婚したまま不幸せでいるより、離婚したほうが子どものため、みたいな。私が幸せでいるほうが、子どもにとってもいいはずだからって。

小林　でも、そうすると女の人はそれでよくって、生活もできても、男の人がちょっと不幸な感じ。

森下　だから週末は、子どもと一緒にいられたりとか。まあ最近半々っていうのもあったりするらしいんですけど。まだ女の人のほうが元気かな、やっぱり、離婚しても。

小林　やっぱり気質が日本人とどことなく似てるんだよね、なんか聞いてて。

編集　亭主関白みたいな？

森下　ちょっと不器用とか。だから、愛情表現が苦手。

小林　カウリスマキの映画とか見てるとそういう感じだよね。

森下　そう感じるでしょう。だからね、一回、うちでも本当にあったんだ。まあ、ここで夫の話をするっていうのも、なんなんですけど（笑）。

小林　まあ、日本の雑誌はね、ユッカペッカ読まないんでね。

森下　うん、読まないからね。アメリカ映画かなんか二人で見てて、「愛してる、愛してる」って連発するわけですよ、「アイラブユー」って。で、突然、ユッカペッカが振り向いて——あっ、夫の名前ね——「俺のことを愛してるか？」みたいなことを聞いて。「なに、それ？」ってびっくりして、「えっ？　あなたじゃあ、私のことを愛しているの？」って言ったら、「そんな言葉聞きたいんだったら、おまえ、イタリア人と結婚すればいいだろう」とかって。「俺はフィンランド人だ」。

小林　うわあ〜。ひねくれ〜。じゃあなんで聞いたんだろ？

森下　そうでしょう。

編集　言われたいけど、言わないみたいな？

森下　いや、違う。フィンランド人の男たるもの、こんなこと言わないんですよ。でも、今の若い人たちは変わってきてるんですけど、うちは、夫が五十なんで。十上なんで。

小林　日本人に似てるね。

森下　だから、「男たるもの『愛してる』なんていう言葉は、結婚するときと死ぬときにしか言わない」って、昔は言われてたんです。

一同　ええ〜っ！

小林　日本以上かも。

森下　私の周りなんてもう。だから「再婚、再婚、再婚」みたいな。「シングル、シングル、シングル」みたいな。

小林　ひとりじゃなくて、周りみんな？

森下　周りを見渡していくと。最初の結婚でそのままきてる人って、ほんと……。

小林　私ぐらいですって（笑）。

森下　今、三組ぐらい。

小林　それ、何組中の？

森下　私の周りをパッと考えて、たとえば二十ぐらいに限定して、三ぐらい。

小林　うえぇっ！　北欧がそうなのか、フィンランドがそうなのか。

森下　北欧全体がそうですよね。あと、籍を入れていない人がいっぱいいますよね。

小林　子どもができても？

森下　子どもができても。

小林　籍入れないでいるの？

森下　うん、そういう人もいるし。ただ、今、パートナーの登録ができるから、それはしてる人がいたりとか。

小林　えっ、パートナーと結婚と違うの？

森下　うん。

小林　事実婚みたいなもの？

森下　事実婚も、でも登録する人と、登録してない人がいる。

小林　登録制っておかしいよね。

森下　パートナーシップ。

小林　あっ、きっとなんか得になることがあるんだ。登録すると。でも、離婚率は八割。

森下　すごいですよね。ほんとに、八割あるかどうかわからないけど、でも八割って、結構言われてて。

小林　それも「自分の世界を邪魔されたくない」とか、なんかそういう。「ムーミン」ぽいよね。

森下　そうかも。だから、『ムーミンパパ海へ行く』とか読んでると、すごくよく似てますもん、ユッカペッカにも。

小林　突然旅に出るんだよね。

森下　お父さんが「行こう」って言ってね、振り回されるんですよね。すっごい……。だから、たまに本当に腹が立ってるときにあれを読むと、「ムーミンパパ、むかつく〜！」って言いたい感じになるぐらい似てますね。たぶんああいう気質を、みんななんとなく持ってるんじゃないかな。

小林　でも、スナフキン的な気質も、フィンランド人はあるわけだし。

森下　ありますよ。

小林　ミーもあるし。

森下　ミーもありますね。それで、そういう人たちに夫婦のことを相談すると……。

小林　「そんなものは、別れればいいじゃん」みたいな感じが。

森下　そう。だけど私が「彼がすごい心配して言ってくれてるのがわかるから」とか、「結局空回りしちゃってるけど、でも本を正せば、すごく心配しているからこうだし、すごく思ってくれてるからこう言うのに」って言っても、「そんなん、でも、自分にとってストレスだったら、おかしいんじゃない」みたいな。

小林　それは正論だけど、なかなかねぇ……。

森下　ねえ。でしょう？　そこがね、あんまりわかってくれない。

小林　やっぱりそのへん日本人とは違うのかなあ、感覚が。

森下　ねえ。ちょっと考えると思うんですけどね、相手のことを。あんまり考えてない……。

小林　やっぱり「情」っていうか……。

森下　そう、情が移る、やっぱり長くいたら。

小林　なんなんだろうね、そのフィンランドの人たちのさっぱりした加減は。あれなのかな、ひとつの距離感が、距離の取り方が日本人とはまた違うのかな？

森下　ちょっと違うんですかね。だから、そういう意味では、あっさりしているかもしれないですよね。あとやっぱり福祉がしっかりしてるから。

編集　どうやって老後を送るんですか、フィンランドの人は。

森下　無料で遊べるところがいっぱいあるんですよ。

小林　何して遊ぶの？

森下　サービスセンターっていうところがあって、そこへ行くと、英語教室とか。

小林　タダで？

森下　ちょっと安かったりとか、タダとか、いろいろある。コンピュータを勉強したりとか、あとコーラスで歌ったり、社交ダンスをやってたりとか。もうみんな結構そこに集まってきて、で、カフェとかも安いんです。一ユーロもかからないぐらいで、お茶できたりとか。

小林　それ、何か見せるの？　もう見た目で？　なんかパスみたいなのを？

森下　そう。ちゃんと会員証があって。

小林　それを見せると。

森下　そう。だからお年寄りと失業者、無職の人、そういう人が作れるんです。タダで結構いろんなことができる。それで定年するまでって、毎日仕事しかしてないじゃないですか。だからもうみんな、老後を迎えるのが楽しみでしょうがない。毎日遊んでるもん。

編集　じゃあ年金もしっかりしているし……。税金はたくさん納めなきゃいけないけれども、老後の不安はないと。

森下　そうそう。

小林　でも、そういうお金的な不安はないけどさ、自殺する人が多かったりとか……自殺が多いって言いますもんね。

森下　決して幸せな人ばかりじゃないですよね。だから、老人の自殺が特に今増えているんですって。

編集　今度は孤独？

森下　そう、孤独。

小林　そういうように、いろいろサークルとかがいっぱいあったとしても、うまくとけこめないとか……。いるじゃない、日本の……。

森下　そう。孤独老人、特に男性。

小林　日本と一緒ね〜。

森下　今ね、孤独死がすごく多い。孤独な老人の。

ジャガイモを、一食五〜六個食べます。

編集　フィンランドってカウリスマキ映画と「かもめ食堂」と、って違ったイメージがありますけど、森下さんが最初にフィンランドに行ったときはどんな印象だったんですか？

森下　じつは、私がフィンランドへ行ったときって、フィンランドが空前絶後の不況のときだったんです。一番ひどい。

小林　何年前？

森下　一九九四年、どうもいろいろ調べてみると、一番ひどい時期に私はフィンランドへ。

小林　十六年前。

森下　ただね、すっごくよく覚えてるのは、私、荷物を郵送するっていうアイデアが浮かばなくて、当面の生活道具とかを全部自分の力で日本から運んで。百キロぐらいたぶん……。なんか大きいダンボールふたつと……。

編集　それは、暮らすために行った？

森下　（暮らすために）行って。そう、最初から。

で、最初全寮制みたいなところに。

小林　大学に入ったんだっけ？

森下　最初は、全寮制の、田舎の小さな村の学校へ行ったんですよ。

小林　言葉の学校？

森下　言葉とか、あとフィンランドの文化とかが勉強できる。そこの担当の人に「（到着したら）電話をしてください。そしたら、バス停に迎えに行きます」と言われて。でも、電話してもつながらないんで、仕方ないからバスで行ってみたら、誰も来ないんですよ。で、何もないんですよ。人口三百人とかそういう村で、何もなくて、誰も来なくて。三十分待ったんだけど、誰も来なくて。どうしていいかわかんないなって。ちょっと見たら、ガソリンスタンドがあったから、「とりあえずあそこまで行けば、自分でもう一回電話できるかな」と思って、ガソリンスタンドに向かって、百キロの荷物をちょっとずつずらすっていう、高速道路の脇から。で、ちょっとずつちょっとずつずらしながら移動していってたら、そこへ車がスーッと停まって、おばあちゃんたち四人組が、なんかドライブしてて。おばあちゃんが「どうしたんだ？」みたいな。私フィンランド語わからなかったから、身振り手振りで。それで、「ここの学校へ行きたいんだけど」みたいな。おばあちゃんたち四人で話し合って、「乗れ」って感じで。おばあちゃんが、百キロの荷物をトランクに積んでくれて。「すいません」って言って。でも、「あんたちっちゃいから、一番真ん中ね」とかいって、うしろの真ん中の席に、おばあちゃんに挟まれて座って、学校まで連れていってくれたの。

小林　結局その迎えの人はどうしたのかな？

森下　そしたらその先生は、サウナで大やけどして、来られなかったの。

小林　ええ〜っ、大やけどって、なにやってるの！

森下　薪のサウナって、サウナストーブの周りに、水を溜めておくところがあるんですよ。サウナを燃やしながらお湯を沸騰させてる。彼女は、その沸騰したお湯に水を入れるのを忘れてかぶっちゃって。

小林　いや〜っ！　熱い〜！

森下　で、もう森下を迎えに行くどころじゃなくて。私は訳のわからないおばあちゃんたちに。

小林　その先生、大丈夫だったの？

森下　大丈夫でした。でも、やけどして、痛々しい姿で登場。

小林　五右衛門状態だ。

森下　だから、すごく印象に残っているのは、不況の最悪の時期だったっていうんだけど、すごく人がやさしかったこと。で、三カ月後に、私はヘルシンキに移って、ヘルシンキで大学に入るんですけど、そのときもまた百キロを持ち歩いているわけですよ（笑）。そのときも、すっごく無愛想な女の子が、すっごい美人さんなんだけど、「はい、持つから！」みたいな感じで。

小林　知らない人？

森下　そう。無愛想なんだけど、私の荷物を半分持ってくれて。

小林　親切だねえ。

森下　ポンと置いて、「じゃあ！」みたいな感じで。だから、「チョコの一個でも」と思うんだけど、「いいから」って。

小林　そういうのはあたりまえのことなんだね。

森下　そう。助けることはね。

小林　いいねえ。

森下　民度高いでしょう？

編集　森下さんは、国籍は？

森下　日本です。

小林　でも、永住権はあるんですよね。

森下　そう、永住権はある。フィンランドの永住権。

小林　離婚しても大丈夫なの？

森下　今ね、四年半結婚してないと、ダメなのかな。

小林　じゃあ、永住するんですか？

森下　まあ、今のところはたぶんね。フィンランドのほうが住みやすいかな。

小林　うん、東京ではなんか無理な気がする（笑）。東京とか日本では。足利（森下さんの地元）だったらどうかわからんけど（笑）。この間、ハチ公前で待ち合わせをしたんだよね。そうしたら、「今日は何の祭り？」っていうくらいたくさん人がいて……。

森下　びっくりしました。

小林　そこでもう、心細そうな笑みを浮かべた森下さんが待ってて。

森下　ああいうところへ行くと、私、小心者ですよね。森下を黙らせるには、渋谷に（笑）。

小林　あと食べ物が心配だね。フィンランドの食べ物が。

編集　どういうことですか？

小林　年々……。年を重ねるごとに、食はオリジナルに戻っていくっていう話だね。

森下　なんか漢方の先生が、「人って、だんだんオリジナルに戻るんですよね」って。だんだん日本食に戻ってくるんだろうな〜。だって、玄米を食べるようになったりして。病気になってからは特に。

編集　フィンランドはどんなものが主食ですか？

森下　ジャガイモ。

小林　ライ麦パン？

森下　ライ麦パン。

編集　あとサーモン？

小林　サーモンはそんなに。

森下　そんなに食べないですね。

小林　ジャガイモだよね。

森下　うん、ジャガイモ、ジャガイモ。ジャガイモを、一食五～六個食べますから。

小林　それは食べすぎ！　まあ、明らかに日本食のほうが体にはいいよね。

森下　いいですよ。だから、フィンランドの人は、日本に来ると、みんな痩せる。まあ外国人は、そういう人が多いかもしれないけど。

スッピロバハベロ。ありえないような長さ。

小林　森下さんは、フィンランド語は、何年ぐらいで喋れるようになったの？

森下　電話が怖くなくなるまでに、三年かかりましたね。

小林　でも、三年、早いよね～。

森下　何が大きかったって、フィンランド人って、その人が何を言おうとしているか一生懸命聞いてくれるんですよ。まあ日本人もそうだと思うんですけど。私、アメリカで、あんまりそういう経験がなくて。なんかうまく伝わらないと、「あっ、もう忘れて」とか、「もういいから」って言われちゃったりとか、途中で会話がなんか途切れちゃって、「ああ、もういい。あんたダメ」みたいな。だけど、フィンランドは……。どんなに間違ってても、「ああ、この子はこういうことを言いたいんだろうな」って、頑張って聞いてくれるんですよ。もうあれがすごく上達のためになった。

小林　フィンランド語って、尋常じゃなく難しいよ。だって、綴りの数が異常に多いんだから。

森下　すっごいですよ。で、単語一語がめちゃくちゃ長かったりする。

小林　ハンガリー語と、フィンランド語だっけ、世界で難しい。

森下　ああ、言いますよね。

小林　だって、森下さんからお土産に乾燥キノコをいただいて、こないだ私、家で食べたの、パスタにして。すっごく美味しかったんだけど、「これ、なんていうキノコだっけな?」と思って森下さんにメールしたら……なんだっけ?

森下 スッピロバハベロ。

一同 (笑)

小林 そうそう、スッピロバハベロ、すっごい綴りなわけですよ。

編集 それ書いてください。

森下 はい。

小林 スッピロバハベロ。ありえないような長さ。

森下 スッピロバハベロ。でも、これ、日本になじらしいんですよね。

小林 で、言えない人は、「スピッピッ」って言うんだって(笑)。「スピッピッ」。もう、一事が万事こんなんだから。覚えられないよね。

森下 (ノートにスペルを書く)〝suppilovahvero〟

編集 うわあ〜長い。でも、読めなくはないですね。

小林 そう、読むのはね比較的。ローマ字読み。

森下 そう、ローマ字読み。

小林 でも、それを覚えて書くって。スッピロバハベロ……ねえ? こんなのよく覚えたよね、もう喋れるぐらいに。

(森でとったスッピロバハベロなど大量の乾燥キノコを、お土産としてスーツケースに入れて持って来た森下さん。空港で麻薬犬プリンちゃんがウロウロしてて焦ったそう。「もしスーツケース開けられたら、最悪でしたよ。鞄の三分の一くらいが乾燥キノコで……」)

小林 大学の授業は英語でしょう? フィンランド語?

森下 えっとね、それが私がいた学科の教授が、「子どもだってみんな、いればそのうち覚えるんだから」って言って、私、フィンランド語の博士論文のゼミとかに入れられてて。四時間、まったくわからないフィンランド語の中にいる。そのとき私、生まれて初めて、「目を開けたまま寝る」

っていう体験も。
小林　人数は少ないの？
森下　うわあ、寝られないね。
小林　人数少ない。
森下　で、私が大学に入った当時って、一番多い外国人がロシア人だったんですよ。だから外国人クラスでも英語はあんまり。専門分野は外国人が私ひとりだから全部フィンランド語で。
小林　じゃあ、もう本当に体当たりで叩き込んでいく？
森下　そんな感じ。
小林　一日どのくらい勉強してましたか？　まあ、でも住んでればね、もう一日中勉強みたいなもんだね。
森下　そうそう。日本語をまず使わないようにすることと。まあ手紙以外では、日本語を使わないようにした。
編集　だって、日本人もあんまり……。
森下　いなかったし、うん。あと英語を使うのをやめたんです。
小林　森下さん、英語もちゃんと喋れるよね。
森下　そうなんですよ。アメリカで勉強した。
小林　だから、語学がねえ。
森下　いえいえ。でも、だから英語を使うのをまずやめて、「絶対何がなんでもフィンランド語しか使わない」って思ったときに、それにくじけなくて済むぐらい、みんなが協力的だったんですよね。お店の人も、友達も。
編集　日本人の学生って、珍しかったんじゃないですか？
森下　当時は珍しかったです。外国人の学生自体が珍しくて。学科に入った当初、私だけだったんですよ、外国人学生が。それで、当時は外国人の学生がひとり入ると、お金が下りたんです。
小林　学校に？
森下　その学科に、結構いい額のお金が。私が入ったおかげで、みんなで「セミナー」とかいって、電車の一両を借りきって、どこかへ行っちゃったりとか、しょっちゅう。

小林　「ありがとう」とか言われて？（笑）

森下　なんか「あれ？」とかって。「私にもうちょっと還元して」っていう感じだったんですけど。

小林　すごいねえ。

森下　すごかった。でも、小林さんもやってるんですよね？

小林　いや、やってるって、森下さんとは比べものにならないよ。だって、留学してないし。住んでないし。

森下　小林さん、英語で、全然大丈夫ですよ。

小林　一生懸命聞いてくれる。フィンランドはね、皆さん親切だから。

森下　いや、でも英語で生活できますよ。

小林　でも生活するとなったら、違う、また。旅の会話と、生活は全然違う。

編集　旅の会話って、質問とお願いと、あとイエス、ノーが言えれば。

小林　そうだよ。いくらとか言えたりとか。

森下　ああ、そうか……。でも、小林さんは英語の勉強を続けてる？

小林　続けてる、細々と。老後の楽しみのために。

森下　老後の楽しみって、どういうことですか？

小林　旅ですよ。世界の旅。

森下　「小林聡美世界の旅」。「兼高かおる」を目指して。

小林　そう。あとはお嬢様言葉を身につけるだけかな。「そうでございますね。兼高かおるです」

森下　アハハハ（笑）。

小林　いや、もうね、フィンランド語を書いて喋って、読むっていうのはすごい。セリフでいえばタイ語のほうがまだ少し簡単だったかも。

森下　ええ〜っ、タイ語って、今度、字が読めないじゃないですか。

小林　ああ、あの字は読めないよねえ。まだこれ（suppilovahvero）は音の手がかりがあるよね〜。

森下　そう思うと、小林さん、すごいですよね。

小林　いやいや、耳だけだから。

森下　で、また勘がいいんですよね。

小林　いやいやいやいやいや。

編集　だって、フラ習ったときだって、うまかったですもん。

森下　インド行ったときだって。

小林　アハハハ（爆笑）。「兼高かおる世界の旅」を、「踊りの旅」にして、世界の民族舞踊を。

森下　コサックダンスとか？　民族舞踊から始まって、だんだん「兼高かおる」にシフトしていくっていうのも、いいですよね。

小林　ありがとうございます（笑）、私の長期的な展望まで考えていただいて。

森下　やっぱり十年ぐらい見てね。

小林　そうですね、十年ぐらいのスパンでね（笑）。

編集　兼高さん、何歳ぐらいから始めたんですかね。

小林　結構若かったりしてね。四十ぐらいから始めたりしてね。

編集　下だったかもしれないですよ。

小林　ねえ、三十八とかね。

編集　意外と。

フィンランドって、大学がタダなんですよ。

編集　それで、大学で勉強して、そのあと、就職して、仕事を始めたんですか？

森下　なんかね、ずっと一応「論文は書く」って言ってて。

小林　大学で、フィンランド語で。

森下　いえ、英語で。一応国際的な論文にするために、っていう、ちゃんとした野心はあったんですけど、どんどんどんどん萎えていって。「なんかムーミン、論文にする必要なくない？」みたいな気分になりつつも、ズルズルと大学に居続け。

小林　何年ぐらいいたの？

森下　籍は七年ぐらいですね（笑）。それで、教授に「あなた……」。でも、教授はあまり責めないんですよ。「あなた自身、あなた次第なんだから」みたいな感じで。毎週のように教授のところへ行って。

小林　「やる気あるの？」みたいな。

森下　でも、それもあった（笑）。「本当にどうするの、このまま。単位はもう全部取っちゃったのよ」みたいな。「あとは論文だけでしょう」っていって。全然論文ができなくて。で、しまいになんか友達と面白いことがやりたくなって、仕事を始めてしまい、籍だけおいて。フィンランドって、大学がタダなんですよ。だから、ズルズル籍をおいとけるの、当時は。

小林　へえ〜。そういう人、いっぱいいるんだろうね。

森下　いっぱいいます。五十歳の人とかもいるし。

小林　なんでタダになるの？

森下　教育の機会を全ての人に平等に。福祉が行き届いているから。

小林　へえ〜。でも、入るのはやっぱり難しいんですよね？

森下　入るのは難しい。私たちの学科も、だから、年間八人ぐらいしか入れないです。

小林　森下さんは何を勉強したんですか？

森下　私は舞台芸術学。この専攻は毎年八人ぐらいしか採らない。

小林　芸大並みの難しさだった。

森下　それで、なかなか出ていかないんですよ、その人が。

小林　それは、無料の大学に籍をおいて、アルバイトとかも全然しないで？

森下　留学生も週に二十時間までは、オッケーなんですよ。アルバイトしてもいいことになってて。あとは、単位を頑張って取ると、大学から結構な額のお金が下りたんですよ。だから、私、二年ぐらいは、並外れた数の単位を取って、それでお金をもらった記憶があるもん。結構何十万とかもらえるんですよ。

小林　ええ〜っ。そういう生徒もいっぱいいいるってこと？

森下　そういう人たちも。やる気になるかもね。だから、年間で払うのって、学生費だけなんですよ。なんていうんだろう、学生組合みたいなところに払うお金だけ。で、それを払っとけば、たとえば電車賃とか交通費は全部半額だし、どこどこの入場料も半額とかタダとか。

北欧ってやっぱり女の人ひとりでいやすい。

編集　小林さん、海外に住みたいって言ってたじゃないですか。

小林　はい、住みたいです。

森下　住んでみたい国とかは？

小林　住んでみたい国は、もういろいろどこでも住みたいですよ、どんな感じなのか。ニューヨークは嫌だけど。

森下　あそこは？　ターシャ・テューダー（アメリカの絵本作家）が住んでたところ。

小林　ああ、バーモントねえ……。いいですねえ。でもなんか、やっぱり「住む」っていうのも、周りの人……。ひとりじゃやっぱりね、暮らしていけないわけで。周りにいい人がいないと。

森下　そうですよね。

小林　なんか、バーモント州って、あんまり人がいないイメージ。

森下　ポツンという感じしますよね。

小林　町じゃないとね。あんまり田舎だと来るのはキツネやタヌキばかりみたいな。まあある程度町だよね、やっぱりね。

森下　ヨーロッパ。イタリアとか。

小林　いいねえ。でも、イタリアって、いつもキレイにしてなきゃいけないっていうイメージがないですか？

森下　ああ……なんか。

編集　スペインがいい、そしたら。

森下　でも、スペインって、聞いたんですけど、女の人がひとりで食事できないって。

小林　あと、スペインの人、ご飯の時間が異常に遅い。九時から食べて……。

森下　そうそう。私、よく聞くのはフィンランド人の女の人が一番何がつらいって、イタリアとかスペインに行くと、女の人がひとりで夕飯を食べられない。

小林　どういうこと、食べられないって。

森下　いや、なんかよくないらしいですよ。

小林　入れてくれないの？

森下　男の人や誰かと同伴っていうか。

小林　入れてくれないの？　じゃなくて、冷たくあしらわれるとかってこと？

森下　いや、私もちょっとよくわかんないですけど、ひとりで食べちゃいけない。

小林　いけないのかな？　むしろフィンランドの人なんかは、ひとりで食事をする？

森下　もう全然。

小林　もう、ほぼひとり単位の。

森下　本を読みながら、ご飯を食べてたり。

小林　森にひとりでこもったり。

森下　そうそう。だから、すっごく大変みたいですよ、なんかイタリアとかスペインへ行くと、ダメだって。

編集　やっぱり、住むなら北欧？

小林　北欧は、いいかも。

森下　そういう意味で、北欧ってやっぱり女の人ひとりでいやすいというか。
小林　のんびりしてるしね。
森下　そう。
小林　「のんびり」前提ですからね。やさしいし。
森下　やさしい。ほんとやさしい。
小林　北欧かなあ……。巨泉さんのようにね、季節ごとにいろいろ。
森下　それもいいですよね。
小林　でも、ハワイもいいよね。
森下　そう、それ聞きますね。
小林　ハワイは、人もいいしね。ハワイいいな、私。
森下　ハワイでも、どこがいいとかあるんですか？
小林　ハワイ島かな。マウイ島は知らないけど。マウイ島のほうが、もうちょっと都会なんでしょう、ハワイ島よりはね。
森下　行きた〜い……。ハワイはまだ行ったことがなくて。で、みんな「いい」って言うじゃないですか。
小林　馬鹿にしてても、行くと、なんかいい感じで……。
森下　そうなんです。みんないいって言うんですよね。
編集　言葉も楽ちんだし、ご飯も楽ちんだし。
小林　いい人たちでね、ポリネシアン。ハワイもいいねえ。
森下　ハワイはずっと暖かいし。
小林　そう。でも、怠け者になると思う（笑）。あそこでなんかちゃんとしようと思ったら、相当な強い意志が必要だよね。
森下　へえ。
小林　もういいじゃんみたいな。暖かいから、食べ物に困らないじゃない。「暖かいうちに、なんか貯めといて」とかそういう気にならない。なんでもいいんじゃない、そのへんで採って食べれば

（笑）。

編集　寒さがないと、全然文化は変わる。人も。

森下　そうですよね。そう思います。

小林　タイもね。タイも人がいいよね。

森下　いいですか？

小林　いいよ、人親切。ご飯は安くて美味しいし。

森下　そう、ご飯が美味しいって、みんな言いますね。

どう見てもマリリン・モンロー、水中で。

小林　まあでも、日本は日本でいいんだよね、これが。日本の田舎。

森下　そうそう。いいですよね。でも、暮らすとなると、結構封建的な。「女はちゃんと、男の人を立てなきゃダメだ」みたいな。

小林　外国の人には、すごくやさしいじゃん、日本人って。外国人で、田舎に住むには全然いいんだよね。親切でみんな。

森下　そうそう。

小林　でもやっぱり、日本の田舎、いいねえ……。

森下　この前行った、出雲、すごくよかったですよね。

小林　出雲よかったね。

編集　出雲、何したんですか？

小林　出雲は、出雲大社に行って。（二人で声を揃えて）「露天風呂」！

編集　どこどこ？

小林　百二十坪。長楽園だっけ？

森下　長楽園。百二十坪。

小林　百二十坪の……もう日本庭園が、お風呂になってるんですよ。

森下　本当にそう。

小林　建物の外がもう、一面お風呂。

編集　だってそれ、ぬるくならないのかな？

小林　ならない。ちょうどいいの。それで、混浴なの！　私たちが行ったときは、布が置いてあって、お風呂場に。「外に出るときは、これを使ってください」っていう。なんか花柄の、こんな大きい巻けるものがあって、それを巻いていくんだけど……。

編集　それで大丈夫なんですか？

小林　百二十坪だから、結構離れてるから……そんなに混んでなければ……。う〜ん……。でも、見えるけどね。

編集　それでその混浴に二人で？

小林　混浴。入った、入った、昼間ね。日に焼けるかと心配しながらも。

森下　ちゃんと巻き布をしてね。

小林　なんかこんな大きくて、あっち側（奥側）に男の人の洗い場があって、こっち側（手前側）に女の人の洗い場があって、女の人はこっち（手前）から来て、まあ大体みんな空気を読んで真ん中へんどまりでチャバチャバ入ってるんだけど、私たちね（笑）。

森下　風呂を横切ってね（笑）。

小林　そう、もう無意識でね。「広い！　うわあ、気持ちいいねえ」なんて、せっかく広いのに、ここだけにいるのは嫌じゃないですか。だから、こっちにネッシー状態……。

森下　ネッシーというのは、ペラペラの布だから、めくれていくんですよ、どんどん。だからお湯から首だけ出して、ネッシーみたいにゆっくり移動。

小林　お湯の下では、めくれて。どう見てもマリリン・モンロー、水中で。

森下　ブワーッとね。

小林　マリリン・モンロー、でも上はネッシー（笑）。

森下　上ネッシー、下マリリン・モンローで（笑）。

小林　あっち側の端まで行って。そしたら、そこから男の人の洗い場が丸見えで。

森下　そう。でも私たち、全然気付かなかったんですよね。
小林　そう。で、男の人たちも、入るのにまさかそこに女の人がいると思わないから、三人が三人とも、もう全裸だったんですよ。
森下　そう、みんなフリーな感じで。なんか急いで、こう下半身をお湯に浸けるかみたいな。
小林　もう丸見えのところにいたの。
森下　あわてて、タオル構えて（笑）。
小林　「こっちまで来ちゃいけなかったんじゃないの、私たち」って。
編集　暗黙のルールで。
小林　そう。もう女の人は来ないと。
森下　死角に入ってたみたいですね、私たちが。だからバンバンそのままの姿で入ってこられて。
小林　でもなんか、全然やらしい感じしなかったね。
森下　全然しなかったですよね。日本の温泉、いいですよねー。フィンランド人も大好きなんですよ、銭湯が。銭湯が好きだし、温泉に必ず行きたがるんですよね。裸は全然抵抗ないの。たぶん日本人より抵抗ないですよね。
小林　ない、ない、ない。じゃ、やっぱりフィンランドがいいのかな。（笑）移り住むのは。ちょっと冬は寒すぎて行けないけどね。
森下　夏はフィンランドで、冬ハワイ。
小林　あっ、いいね。距離的にはどうなんだろうね。遠い？　フィンランドからハワイは。
森下　日本経由ですね、たぶん。
小林　うわっ、遠いねえ〜。二十時間ぐらい？　ブラジルに行くぐらいかな？
森下　だって、私、昔ニュージーランドに行ったときに、日本経由、あるいはバンコク経由。
小林　それは遠かったね〜。
森下　遠かったですよ。二十時間ぐらいかかってましたからね。あっ違う、もっとかかったのか。

一回本当に飛行機が遅れたときとか、四十八時間かけて帰ってきた、ロンドン経由で。
小林　どっかでちょっとね。日本で休んでとかね。
森下　そうだね。日本の温泉でちょっと遊んで……。

フルムーンも、夫婦でなきゃダメなのかな？

小林　黒木瞳さんが、CMをやってたじゃないですか、友達と。「もうちょっと遊んでいこうよ〜」とか言って、ディズニーランドへ行って。あれ、どういうパスポートなんだろう？
編集　夜だけでも、安いやつみたいな？
小林　なんかよくわかんないけど、四十五歳からのパスポート。もうすぐそのうち、フルムーンとかも使えるように。ナイスミディパスは使えると思う。もうないかな、ナイスミディパス。（二〇〇九年に廃止）
森下　あれ、フルムーンって、夫婦足して八十八歳？　もう使えてる！　フルムーン……。ないね。もうね、向こうは桜島をテント抱えてひとり旅だと思うから。
編集　映画館で、「夫婦50割引」みたいなのあるじゃないですか。それ、ひどくない？　結婚してない人差別。
森下　ひどい。それはひどい。
小林　というか、「女の人二人で行く」っていうのをやればいいよね。
編集　五十過ぎてても、結婚してなかったら、それを適用されないっていうのが。
森下　というか、五十過ぎて、夫婦で映画を見に行くって、かなりレアでしょう。
小林　そうそう。だから「来てちょうだい」ってことなんだね。
森下　一緒に映画なんて、もう……。
小林　ねえ、見ないよねえ。趣味が違うからねえ。

森下　ねえ（笑）。

小林　でもそれって、二人が夫婦であるっていう証明が必要なのかな？

森下　どうやって証明するの？

編集　保険証？　パスポートとか持っていったりとか。

小林　ああ保険証とか、免許証……そうだよねえ。

森下　自己申告？　「夫婦で、私たち五十以上です」っていうのは。じゃあ、会社の上司とかと行ったっていいわけですよね。

小林　会社の上司（笑）？

森下　「同僚」って言えばよかった（笑）。

小林　そうだね。ちょっといやだね。

森下　上司とはいやじゃないですか。上司とは行きたくないですよね。

編集　誰か実験してほしいけど、まだいないわ。五十以上の夫婦。（「夫婦50割引」は夫婦のどちらかが五十歳以上の場合に適用。年齢の証明は必要だが、夫婦の確認は現在行われていないそう）

小林　うん、いないわ、五十以上の夫婦。

森下　親？

小林　行かないなあ。

編集　だって親は、もう六十過ぎてれば、千円で見られちゃう。

小林　そうだ、「シニア」で見られるんだ。

森下　そう思うとね。でも変、その「夫婦で」って。

小林　まあでも、「レディースデイ」とかあるからね。

森下　なんなんでしょうね、でもそういうね、「いてあたりまえ」みたいな。フルムーンも、夫婦でなきゃダメなのかな？

小林　そうだよ。会社の上司はダメだよ。

森下　アハハハ（笑）。フルムーンも証明するのかなあ？　あれ？　ナイスミディって、どういうのでしたっけ？

編集　ナイスミディは三人で、四十以上だっけ？

小林　意外と三十以上かもしれない。もうミディもいいとこだからさあ私たち。下手したら、もうシニアに入るぐらいじゃない。

森下　シニアは、まあ六十？

小林　気持ち的にはね、そうだよね。いろんな特典があるなら使ってみたいよね。旅行とか、でも、ありそう。切符とか。

森下　青春18きっぷは何歳でも使えるんですよ。

小林　えっ、四十五でも？

森下　そうそう、青春18きっぷ。ただ、特急は一切使えない。

小林　「のぞみ」乗れないんだ。そういえば、なんか買ったんでしょう？

森下　「ジャパンレールパス」っていうのを。

小林　それ外国人用なの？

森下　外国人用。

小林　じゃあ、森下さんは外国人ってことなんだ（笑）。

森下　（笑）あとは海外永住者。これ、「ジャパンレールパス」って。（見せる）

小林　へえ、こんなツルンとした、何のケースにも入ってない。パスポートサイズなんだ。

森下　そう。安いんですよ。だって、のぞみ以外は全部全国で使えて、指定席を取れるんですよ、新幹線も。それで、二週間で四万五千百円。

一同　安い！

森下　なんで、三週間取らなかったんだろうと思って、私。まだしばらく日本にいたいな……。

小林聡美×石田ゆり子

駒沢公園

秋晴れの谷間のあいにくの小雨降る朝、小林さんと石田さんはそれぞれの愛犬（小林家・とび、石田家・花）を連れて駒沢公園に散歩に出かけました。犬の種類は偶然にも同じチョコレート色のラブラドールレトリバー。他にも複数の猫を飼っているという共通点がある二人、動物たちと暮らす苦労と喜びを、とことん語り合いました。

じゃりン子チエと王子さまみたい。

小林　おはようございます。寒いですよね、今日。雨だし。もう、山に行く格好です。

石田　今日に限ってこんなお天気で。寒いですね。かわいー、聡美さん。なんか本気の散歩じゃありませんか。でもいいところですよね、駒沢公園。

（花に急に引っぱられて）おおおっ。危ない危ない。花、引っぱらない。

小林　花ちゃん、何歳？

石田　九歳です、今。とびと同じくらい？

（立ち止まって話していると）

とび　うーーーーん、ううううーーん。（切なそうな鳴き声が公園に響き渡る）

石田　とび～（笑）。いやなの？　（うううーーん、きゅううううーーーーん）なんて言ってるんですか？　これ。

小林　歩こうよー、って（笑）。全然わんわん言わないで、おりこうだね、花ちゃん。

石田　花なんにも言わないんです。

小林　おりこうねー。

石田　でもなんか落ち着きが全然なくて。（ううーーーん、きゅううううーーーーん）喋ってるんですよね、これ。きれいだな、とびは。きれいですよね、とびってホントに。アレルギーとかないですか？　皮膚の。

小林　ないですね。

石田　いいですね。花、アレルギーがひどくて。それでこんなふうに薄毛になったり（笑）。

小林　（花に）かわいそうね、アレルギーなのね。

石田　耳が赤くなったりとか。

小林　食べ物？

石田　食べ物とかほこりとか。いろいろあるんですよ。

とび　ううううーーーーーん。（公園に響き渡る）

石田　なぜ……？　（笑）

小林　毎日お散歩するんですか？
石田　します。しますけど……。
小林　時間帯は決まってるんですか？
石田　ものすごいまちまちで。むしろ夜中に行きます。私、夜中の二時とか三時でも行きます。
小林　ええっ。ああ、でも住んでるところが街だから、明かりがあって怖くないのかな。
石田　確かにうちの周りは危険がないので。人がいないほうが自分が楽っていうのもあって。
小林　うちは朝の九時とか、それくらい。あと夕方と。
石田　いやー、とびはすごく幸せだと思う。担当は決まってるんですか？
小林　決まってないです。家族で行けるほうが行って。一人っていうのはね、信じられない。ありえない。
石田　本当に一人なんです……。
小林　大変……。なぜ一人でそんなに動物を飼えるのか？
石田　そうでしょ、よく言われるんです。もう一種の病気？　もう、猫とか犬がいないと……。ね、とびいいねえー、こんないいとこに来て。
小林　もうね、散歩＝なにか美味しいものが見つかるかもしれない、みたいな……。
（ベンチに腰掛け休憩すると、とびがくんくん言い出す）
小林　さあ、とび、また鳴いてもらうよー。（とび、小林さんを見上げる）
石田　とびはね、ちゃんと聡美さんのことを見てるんですよ。この人、全然私を気にしないでしょう。
小林　そう？
石田　そうですよ、もう自分のことばっかり……、花、おすわり。
（花、言うことをきかないでうろうろ）
とび　くうーーん、きゅううう一一ん。

小林　（とびに）ほらあっち、あんたの好きなカメラがあるでしょ。
石田　カメラ好きなんですか？
小林　好きっていうか、向けられるとなんか緊張して息を止めるの。
石田　へえー、かわいい……。
カメラマン　花ちゃん、こっち見てねー。花ちゃんはあんまりカメラが……。
石田　そうですねー。
小林　自然体なんですね（笑）。（花に）かわいいねー、花ちゃん。
石田　そうですかー、ボロボロ……。
小林　あははははは。
石田　自分ではかわいいと思ってたのに、とびを見るとなんか恥ずかしい。
小林　（笑）なんでですかー。
石田　だって全然違う……。ほら、毛並みが……。
小林　くせっ毛？　背中の毛がウエーブになってるのね、花ちゃん。
石田　そうなんですよねー、なんかじゃりン子チエみたい。なんか、雰囲気が。
小林　あっははは。
石田　じゃりン子チエと王子さまみたい。
小林　王子さまぁ？　全然ー。でもとびは、ちっちゃい頃ほんと不細工で、顔が。
石田　えーーー。
小林　でもおっきくなったらけっこういい男になった。
石田　すごいかっこいい。いい男ですよ。脚も長い。手脚が長い。
小林　そうなんですよー。ははは、親バカ。
石田　そうですよ。ほんと長い。
小林　でも、脚の手術が多かったんです。四回手術してるんです。
石田　どうして？　脱臼とか？
小林　そう、脚が長いのがあだになったみたいで、靭帯と骨の成長の速度が合わなくて。靭帯がのびちゃって、両脚にボルト入れて、固定して、それをとるのにまた手術して。六カ月くらいのときだったから、一番元気なときにかわいそうだった。

石田 かわいそう……。

小林 ほんと手術が多い。こないだも脚の付け根にぐりぐりができて、なんか腫瘍だったら困ると思って、切ってもらったらただの筋肉だった。

（とび、くーーーん、くーーーーと言いながら小林さんをじっと見上げる）

小林 （とびに）とびの話してるんだよ、あなたが手術が多かったって話。

（とび、小林さんをじっと見る）

石田 （花に）花、とびおりこうでしょう。花もね、そんな落ち着きないと……。ああ、花、ボロボロだ……、花もちゃんとしよう……。

小林 あっははは。ボロボロって何がボロボロですか。

石田 なんか、ボロボロなんですよ。

小林 くせっ毛なんですよ。

石田 そうですね、あとアレルギーだからいちいちね、できるんですよ、顎とかに、ぶつぶつみたいのが。

小林 （花を覗き込んで）どれどれ、ぶつぶつ？ あーー、ほんとだ。

石田 こういうふうになっちゃうの。

小林 アレルギー用の食べ物食べるんですか？

石田 はい、ちょっと高いのを食べなくちゃいけなくて。もうお金が、お金かかる……。

小林 あはははは。

石田 お金かかりませんか？ 動物。

小林 かかります。

（とびと花、じゃれ合い始める）

石田 あ、ちょっと仲良くなった。

小林 ほんと、仲良くなった。

石田 花、しつこくなった。花、しつこいんですよ。

小林　大丈夫ですよ。しばらくほっておきましょう。

もうほんと散歩っていうと、拾い食いに行く、みたいな。

小林　とびは十歳なんですけど、十歳くらい過ぎると、いろいろ病気とか出てくるみたいで。

石田　そうですよね。大型犬って十年が境目って言いますよね。

小林　そうそう、十年生きたら、あとはおまけと思えって。とびはもうおまけの人生。

石田　でも二人とも長生きしそうな気がする。

小林　なんかね、まだよぼよぼな感じはしないですよね。

とび　ううう———ん、きゅううう————ん。

小林　（とびに）とびね、私は慣れてるからいいけど、みんなすごいうるさいと思うよ。

石田　あはははは。

とび　う————ん、くううううう——ん。

石田　毎日こんなふうに、お喋り……。

小林　しないですよー（笑）。なんかこういうふうに待たされたり、そういうときに……。動物病院の待合室でくーくーくーくー言ってると、お喋りねーって周りの人に笑われる。

石田　毎日来るんですか？　駒沢公園。

小林　駒沢公園はちょっとスペシャルで、天気がいいときとか、私が元気なときとか、暇なとき。もうここに来ると二時間コースになっちゃうんで。午前中全部潰れちゃうんですよ。何か美味しいもの見つかるかもって。……食べ物に対してがっついたりはないですか？

石田　がっつきはないけど、すごい欲しがりますね。

小林　それはがっつきでは？（笑）

石田　いや、奪うってことはないけど、「くださいください！」って。

小林　ああ、うちもです。もうほんと散歩っていうと、拾い食いに行く、みたいな。

石田　落ち葉がきれいですねー。

小林　この色の犬って、落ち葉が似合いますよね。すごいきれい。

石田　そうそう。でもチョコレート色だからなんでも似合って、ちょっとおしゃれな色ですよね。聡美さんは、犬カフェみたいなところに行ったりしますか？　犬と一緒に入れるカフェとか。

小林　こんなですからねー、止まると喋り出すから……。最初面白がって行ってましたけどね、全然落ち着かないんで。

石田　そうですよねー。

小林　行きますか？　犬カフェ。

石田　行かない（笑）。全然行かない、絶対行かないです。自分がなんにもできないです。お散歩にはボールとかは持ってこないんですか？

小林　ボールはね、全然興味ない。

石田　ほんとに？　ボール持ってきました。ボール興味ないんだ、とび。珍しい。（花に）花、ボール。ボール好き？

（花、大喜び）

小林　（花に）いいねー。

石田　花、持ってきて。（ボールを投げるが、花は取りに行かない）あれ、なんで、なんで？

小林　あはははは。

石田　花、恥ずかしいじゃん。

小林　（とびに）久しぶりにちょっと借りてみようよ、ボール。

石田　一緒ならやるかも。犬ってほら、競争するから。

小林　（とびに）久しぶりにやってみる？

（ボールを投げると、とびと花、競うように走っていく）

石田　あー、やってるやってる。
小林　花ちゃん上手ー。
石田　花はボール好きですねー、もう止まらないです。
小林　いいですねー。これで運動不足解消。
石田　確かに、それは。でも家の中でやるんです。
小林　家の中？　あはははは。どんだけ豪邸ですか、それ。ほら、とび、取ってきて。
（投げると一目散に取りに行く）
石田　おりこうだー、おりこうさん。とびは他のわんちゃんはあんまり好きじゃないんですね？
小林　なんかね、どうやって遊んでいいのかわかんないみたい。（とびに）ね？　ねえ、とび、結局さ、花ちゃんと全然遊んでないじゃない。花ちゃん、他の犬とは遊ぶの？
石田　はい。犬とか猫とか大好きですけど、ただ、こういうとこ来ると、もう自分の興味でいっぱいで。あー、花、どろどろだ……。

一人だから朝焼けとか見られて楽しいんですよ。

（小雨の中の小一時間のお散歩で、二人と二匹はどろどろ。小林さん石田さん、それぞれ犬を家に戻して、恵比寿の喫茶店に再集合。冷えた体を名物のシチューで温めながら……）
小林　今、石田さんっておいくつでしたっけ？
石田　四十一です。でも、ほんと四十代は、なったとき、ちょっとショックですね。
小林　なんかショックっていうか、「えっ、ほんとに？」っていう感じしませんでした？
石田　そう、笑っちゃってました。
小林　そう、なんでだろうね。相当おとなですよ、ねっ？
石田　そう、おとな、おとな。三十代はなんか楽しいですよね。
小林　まだ元気だしね。
石田　今、元気じゃないんですか？

小林　いや、なんか元気なときもあるけど……。だって私、三十代のときなんか、昼寝できなかったですもん。疲れなくて、たぶん。いや、まあ疲れてるんだけど、昼寝するほど神経が休まらない（笑）。なんていうの？　「昼寝なんかしている暇ないだろう」みたいな雰囲気。昼寝します？

石田　はい。昼寝っていうか、どこでも寝られます、今でも。

小林　いいですね。私、どこでも寝られないんですよ。夜でさえも寝られないのに、無理矢理寝ようとして寝るから。耳栓して、無理矢理寝る。

石田　それはどこかで読んだぞ。

小林　二十代の頃から、もう耳栓してました。

石田　音が聞こえなくなって、困らないですか？

小林　それがね、聞こえるんですよ。カサカサとかそういう音は聞こえないけど、目覚ましも聞こえるし。

石田　そうなんですね。今はお昼寝は？

小林　四十代になると昼寝ができるようになったっていうね。でも、どこでも寝られるのは、女優ですねー、石田さん。私は、乗り物も起きてる。

石田　新幹線とか？

小林　起きてる。新幹線て、目が回るじゃないですか。トンネル入ったり、橋がババババーンってだからちょっとこう（ブラインドを）下ろして、本を読んだり。でも、寝ないですね、やっぱり。

石田　そうですか。飛行機は？

小林　飛行機も寝ない。国際線は寝ますよ。無理矢理寝ますけど。基本、乗り物とかで寝ないですねえ。もううらやましいです。

石田　私は、車に乗ったらもうコテンって寝ますね。寝ちゃいます。

小林　なんででしょうね？

石田　わかんない。

小林　昔から？　べつに、ものすごい疲れているわけじゃないのに寝られるってこと？

石田　はい、条件反射ですね。すごい寝ます。寝るの大好きで。

小林　私も寝るの大好きなんですけどね。でも、努力しないと寝られない。

石田　朝、お散歩するってことは、早起きですか？

小林　早起きっていっても、そんな驚くほど早起きじゃないですけど。

石田　何時ぐらいですか？

小林　七時ぐらいに自然に目が覚める、何時に寝ても。二時とかに寝ても、七時ぐらいに目が覚めちゃう。

石田　へえ、すごい。

小林　石田さんは夜更かしですよね。だって、犬の散歩二時とか三時に行ってるって。

石田　めちゃくちゃです。仕事の感じにもよるし、休みが続くともう、ほんと朝寝たりする。朝寝て、起きたら夕方みたいなときもあるし。

小林　なんか若者っぽいね（笑）。若者って朝寝るじゃないですか。それで「起きたら夕方四時だった～」みたいな。

石田　なんか、ズルズルビデオとか見てると、朝になっちゃうんですよね。で、朝焼けを見るのが好きなので、朝焼けを見てから「あ～っ」って寝ると、夕方なんですよ、起きるのが。

小林　そりゃそうだ。

石田　で、「バッカみたい」って思いながら。

小林　面白～い。

石田　とにかく一人だからそうなっちゃうんです。結論は「一人だから」。

小林　でも、一人だから朝焼けとか見られて楽しいんですよ、きっと。これで二人だったら、朝焼け見られなくなっちゃいますよ。どういうわけか、忙しくなっちゃうんですから。

石田　まあね～。「二人」っていう経験がないので、どんなもんかなって。

小林 でも……、本当は一人がいいんでしょう？

石田 どうなのかな、わからないんですよ、本当に。

「天然」って言われますね。だからそれがいやで。

小林 石田さんはご自分の会社なんでしょう？

石田 はい、マネージャーしか社員いませんから。まあ、会社とはちょっと言いがたいような会社ですけど。

小林 偉いですねえ。自分で仕事を決めたりとかするんですよね？　内容について判断したりとか。

石田 それはありますね。

小林 偉いなあ。私、たぶん自分で社長をやってたら、仕事何もしないかもしれない（笑）。

石田 そうですか？

小林 ねえ。「怠け者」っていう意味じゃないんですよ。なんだろう？

編集 「働き者」ですよ、小林さんは。

小林 働き者？

編集 良い加減の、働き者な感じ。無理してない感じ、ちゃんと。

小林 やるときはね……。

編集 きちんとしてる印象があると思います。

小林 そうなの。なんでそう思われるんだろう。きちんとしてるかなあ？　自分的には、なんか怠けてるところとかももちろんあるので。「きちんとしてる」と言われるけど、してるのかどうか、自信ないけど。

石田 そうなんですね。私もわかんないです（笑）。私もよく「ボケてる」とか、「天然」とか、「変わってる」とか言われますけど、全然そう思わないです。自分では、すごいパーフェクトなつもりで。「なんでそんなこと言われなきゃいけないんだろう」って思いながら……。

小林　言われるんですか、「ボケてる」とか？

石田　「天然」って言われますね。だからそれがいやで。「天然ってどういう意味なんだろう」とか、真面目に考えて。

小林　「天然」って何？　「空気読めない人」みたいな、そういう要素がありますよね。

石田　バカ？

小林　いや、「バカ」っていうか……。うん、憎めない感じのニュアンスですよね、「天然」って。

石田　いやだ〜。なんかどうしたらいいのかわからない。「天然」ってなんなんだろう？　でも、天然らしいですよ、どうやら。

小林　なんかおっとりしている雰囲気があるんですよね。実際おっとりしてるんですか？　意外とものすごい、気が……。会社やってるぐらいだからね、気が強いんでしょうなあ。

石田　（笑）強いと思います、気というか、その芯というか、頑固ですし。意外とよく「何やっても許してくれそう」とか、「やさしそう」とか言う人もいるんですね、男性に特に。「そんなわけないじゃん」って（笑）。

小林　あはははっ。女の私から見て、男の人がそう思うのもわかるし、ほんとはそうじゃないっていうのもわかる気がする。なんか厳しそうな感じがする、なんか。

石田　厳しそう？

小林　厳しそう。

石田　厳しいです。

小林　うん。そういうギャップが、男の人はびっくりしますよね、きっと。

石田　そうみたいですね。

小林　いいと思う（笑）。

石田　そう、私、ちょっと厳しいんですよ。けっこう、厳しいっていうか、自分では細かいような気がします、言うことが。

小林　ふ〜ん（にやにや）。

石田　でも、すごい間が抜けているところもいっぱいあって。それも自分でもわかるので、何がなんだかよくわかんないですけど。

小林　厳しいのはどのへんに厳しいんですか。

石田　あの……人のことを見てない、自分のことしか考えてない人とかが周りにいると、すごい気になる性分で、思わず注意しちゃったりとか、知らない人なのに（笑）。駅の人に注意したりとか、宅配便の人に注意しちゃったりとか（笑）。クレームおばさんみたいになってる、なんかね。なんかそういうところがありますね。

小林　へえ〜。でも、嫌味に言うとかそういう感じじゃないからね。いいですね、正義の人みたいな感じで。

石田　いや〜、でもだいたい通じないですし、なんか顔と名前がバレちゃってるので、「ああ、もうやめよう」と思ったときもいっぱいあります。

小林　それなのに、言うときもあるって、偉いね。

石田　なんかね、ダメなんですよ。モヤモヤすると、「これを吐き出したい！」と思っちゃう。

小林　ハハハハッ（笑）。

石田　モヤモヤ残せないの。わかりますか？

小林　面白い。それは、男性は驚きますね。

シルバーの次、ゴールド（笑）？　グレードアップしてますね。

編集　ペットの話ですが、お二人とも先に猫を複数飼っていて、さらに犬っていうのはどうしてなんですか？　しかも大きい犬。

小林　石田さんはどうしてですか？

石田　どうしたんでしょうね。犬、ちょっと間違ったんですよ、私も（笑）。ペットショップで一目惚れしちゃったんです。

小林　へえ〜、ペットショップにいたんだ〜。ちっちゃいのが。

石田　ちっちゃかったです。
小林　あのね、ラブラドールの子どもはね、ありえないほどかわいいんですよね？　もうね、大変なかわいさですよ、それは。
石田　で、抱っこしたら、離れなくなっちゃったんです、ぶら下がって。
小林　かわい～、それ。
石田　「わあ、どうしよう、もうダメ！」と思って、抱っこしてて、「ダメだ。私、もうこの子を、もうあの箱に戻せない」って、二時間ぐらい考えました、抱えたまま。
小林　（笑）ほら、ちょっと変わってるよ、抱えたまま二時間も考えて。それは、犬を飼いたいなって思って行ったんですか？
石田　いえ、猫のペットシートを買いに行ったんです。
編集　そのとき、すでに猫四匹でしたっけ、五匹でしたっけ？
小林　ええっ！
石田　そのとき、四匹。バカですねえ～。
編集　一人暮らしの女優さんで、四匹……。
石田　大バカ者ですよ。
小林　変わってるなあ～。じゃあ、最初に飼い始めたのは、何歳のときに、何を？
石田　小さいときから本当に動物が好きで、特になぜか、どういうわけか猫が好きだったんですね。野良猫から始まって。
小林　お家でも飼ってて？
石田　社宅で、転勤族だったので、飼えなかった。鳥とかしか飼えなくて、捨て猫を拾ってきては……。
小林　「ダメ」と言われ。
石田　「ダメ」その繰り返しで。で、初めて飼ったのは、十代の頃、迷い込んできた猫を、そのときなぜか家族で飼ってまして。そこからやっぱり猫の魅力にはまってしまい、一人暮らしで初めて飼ったのは、二十二ぐらいかなあ？
小林 じゃあもう一人暮らしを始めて間もなく？
石田 だから、「一人」じゃないんですよね。
小林 うん、もう最初から猫がいたんだね。
石田 そうなんです。
小林 そのときは、最初は一匹ですか？
石田 二匹。
小林 その猫は何猫ですか？
石田 チンチラ・シルバーといって、白いなんか、ふわふわした猫ですね。まだ生きてるんですよ、それが。
小林 ええっ、すごい長生き！
石田 十九歳ぐらいですね。
小林 お宅に？
石田 いいえ、実家にいます。「マリモ」っていうんですけど。
小林 マリモちゃん、十九歳？ 元気ですか、十九歳？
石田 母が死ぬほどかわいがってます。マリモともう一匹「ゆず」がいて、二匹とも実家に預けたら、帰ってこなくなっちゃって……。
小林 ゆずは？
石田 ゆずは、死んじゃったんですけど、それも、三年ぐらい前なので、十六ぐらいですかね。まあそれを実家に取られ、また一人になったわけです。そして……何歳のときだ？ あっ、わかったぞ、二十五ぐらいです。
小林 二十五のときに？
石田 二十五ぐらいのときに、一匹。傷心の私は……。傷心だったんですよ。
小林 傷心だったんだ。
石田 傷ついた心を抱えてペットショップに行ってしまったんですよ、なんか寂しくて。
一同 （笑）
石田 （笑）そこに……。ペットショップのガラスにペタ〜って、顔がベチャ〜っとくっついた猫がいたんですよぉ。
小林　何種ですか？
石田　チンチラ・ゴールデン（笑）。
小林　シルバーの次、ゴールド（笑）？　グレードアップしてますね。
石田　その子と、目が合ってしまって、ジーッと見てたんですよ、私のことを。で、私が動けば、こっちを見る。逆に行けば、また見る。ほんとなんです。ずーっと見てるんですよ。「どうしよう」と思って、「ちょっとあの子を抱かせてはいただけませんか？」と。抱いちゃったら、終わりですよ。
小林　終わりです。もう離れない。その子も離れない。
石田　はい。それが「ビビアン」って、死んじゃったんですけど。ビビアンっていうメス猫で。お婿さんが来て、その子との子どもが、二匹。要するにビビアンのお婿さんと子どもが二匹と、もう一匹は、全然関係ないのが一匹います。それで四匹。全部男の子です。
小林　そのビビアンを飼って、もう一匹飼ったのは、すぐ？
石田　一年後に、ビビアンのお婿さんを、そのペットショップが仕入れたんですよ。
小林　「この子たちを」って？
石田　「仕入れましたけど」って（笑）。
小林　また、チンチラなんとか？
石田　また同じで。
小林　チンチラ・ゴールデン？
石田　そう。で、「お気に召さなければ」とかって言うんですけど、「お気に召さなかった場合は、どうなるんだろう」と思ったらもう飼わずにはいられなくて。小さくてね、かわいかったですね～。
小林　かわいい。もうね、子猫はね、ありえないでしょう、かわいいの。そのお婿さんのお名前はなんというんですか？

石田　「アンジェ」っていうんですけど。

小林　ビビアンとかアンジェとかって、すっごい洋名ですね。高貴な。何から取るんだろうね？

石田　気取ってますよね。ビビアンは、ビビアン・リーにちょっと顔が似てたので「ビビアン」、「ビビ」って呼びたかったんですね。アンジェは、当時フランス語を私、習っていまして。で、フランス語で「アンジェ」って、「天使」っていうことなので。なんか「天使」っていいなと思って、「アンジェ君」って呼んでまして。子どもたちは、五月に生まれたので、「メイ」っていう単純な名前なのと、その弟は「ミント」っていうのが。

小林　何匹生まれたの？

石田　一匹ずつ。すごいですよ、一匹ずつ。

小林　「一匹ずつ」って、どういうこと？　二回お産したってこと？

石田　二回お産したんです、半年おきに。

小林　一回に一匹しか生まれなかったってこと？

石田　そうなんです。

小林　それって珍しくないですか？

石田　すごい珍しいって言われました。不思議な。

小林　だいたい三匹とか四匹とか五匹とか生まれるじゃないですか。

石田　そうなんですよ。で、いっぱい生まれたら、人にあげられたんですけど、一匹ずつだったので、誰にもあげられなくて。

小林　もうそれは「家にいろ」っていうことだよね。

石田　そう（笑）。で、増えていって……。

小林　もう逃れられない運命の流れにいるね、石田さん。

石田　そうなんですよ、もうバカみたい……。

小林　一匹だとあげられないもんね、かわいいしね。

石田　そうなんです。お母さん猫がかわいそうです。

小林　いやね、でもね、お母さん猫はべつに全然そういう、私たちが思ってるほどのことはないみたいよ……。よくわかんないけど、猫の気持ちは聞いたことないけど。自分の子どもでも、「もう早く行け」みたいなそういう気持ちみたいですよ、なんか。

石田　そうですか？

小林　お母さん、かわいがってた？

石田　かわいかったんですよ。本当に母猫と子猫の……。

小林　コミュニケーション？

石田　コミュニケーションっていうのは、ほんとに涙が出てくるほどきれいなものがありましたよ。

小林　（笑）へえ〜。

石田　お父さん猫は、「なんだこいつ？」って、全然気にしない。でも、母猫は、こうやって、潰さないようにこういうふうに抱くんですよね（母猫が子猫を抱くジェスチャーをする）。波打ってるんです、手が、潰れないように、子猫が。子猫の形に手がなってるっていうか。

小林　そうなんだ。

石田　それで、そのビビが死んじゃって、三匹になったんですね。

小林　アンジェのほうが長生きした？

石田　アンジェはまだいます。

小林　へえ、すごい。

石田　そう。でもアンジェはまだ十……あれ？　おかしいな。計算が合わない。アンジェ、何歳なんだろう？

小林　ビビの一年後だから。ビビは何歳？

石田　ビビは六歳で死んじゃったんですよ、病気で。それは大変つらかったです。かわいそう。ほんとにつらかったです。それも一人暮らしで、連ドラをやってたんですね。だから、もう地獄のようでした、三カ月間。

小林　病院行ったり？

石田　はい。

小林　動物を病院に連れていって治療を受けさせるって、ほんとつらいんですよね。

石田　ほんとにね。でも、あと五匹いるから、あと五回は経験するわけで。

小林　そうですよ。特に犬は大きいよ。人間並みのでかさですよ、あれ。子ども並みの。

石田　ほんとですよね。どうしよう……。そう思いません？

小林　思いますよ。私も、猫二匹、二年続けてね。一匹目は、もうおじいちゃんでガリガリで、具合も悪かったし、「なんかもう長生きしないだろうな」って思ってた頃……。

石田　何歳でした？

小林　十七歳。すっごい食い意地張ってて、流しとかに食べ物をちょっとでも置いておくと、すぐにやってくる。もう何でも食べるみたいな。それで、台所がすごい好きだったんですけど、ある朝起きたら、台所で息絶えてて、パタッて……。「おとっつぁん」っていうんですけどね、うちで死んだ。十七歳で。二匹目の「オシマンベ」は、私も映画の撮影でずっと家を空けてて。ちょうど「マザーウォーター」を撮ってるときですよ、京都にずっといて。それで、最期一緒にいることができなくて。

石田　仕事にならないですよね。

小林　うーん。でもなんか、みんな心配してくれてるから、「死んじゃった」とも言えないし。

石田　自分が泣いちゃいますもんね。

小林　うん。周りもなんか気にして、暗くなっちゃいそうだし。

石田　そういう話はいつでもね、今でも泣けます、なんか、思い出すと。

小林　ねえ～。なんかかわいそうで。何もできない。痛いとも言わないしね……。どうするんですか、あと五回。

石田　どうしよう……。もうほんとに毎日全員に、「ほんとにみんな、病気しないで、ご飯ちゃんと食べて、仲良く、楽しくね、ケンカもしないで、笑って、ずっと一緒に暮らそうね」って。

小林　（笑）毎朝？

石田　毎朝。

小林　「笑って暮らそうね」（笑）。おかしい。それ、みんな集めて？「ちょっと集まってください」って？

石田　集まらないので、一匹ずつ。五回言う。

小林　一匹ずつね。時間がすごいかかる。

石田　そうなんですよ。とにかく、苦しまないでほしいですね。そこがポイントですね。人間だって、いつかは死ぬから、同じなので。

小林　私も、犬や猫がちょっとどっか悪かったりして動物病院に行くと、そういうことは思いますね。「ほんとにお願いだからね。病気とかしないで、死ぬならぽっくり逝ってくれ」って。とびとかに、「ほんと、ぽっくり逝ってね」って。オシマンべにも言ってたんですけど、結局、一カ月ぐらいは病院に毎日通って、点滴打って……。

石田　病院に毎日連れていくのも大変ですよね。仕事をしながら……。

小林　誰か手伝ってもらえる人はいないんですか？

石田　「それを頼むのも悪いな」っていう思いも自分の中にあって……。まあでも、一人で五匹飼ってるのがいけないんですけど。自分の勝手ですからね、またそれは、仕事ではないし。だから、ビビが死んじゃって、また飼ったのが間違っててね。

編集　三匹いるのに、やっぱり寂しさは埋まらなかった？

石田　「ご飯よ」って言ったときに、四つ顔があったのが三つしかないわけです。「なんかいない」って思いません？　思いませんでした？

小林　思いましたよ。二匹いなくなって、猫が一匹になっちゃったときは、……猫のホイととびだけになっちゃったときは、すごい静かになって、落ち着いた雰囲気で、一気に家の中が老け込んだ感じで。まあ「老け込んだ」っていっても、死んだのが老けてたから、かえって若返ったんだけど（笑）。

石田　（笑）確かにそうなんです。

小林　そうなんだけどね、なんか雰囲気がね。

石田　そのとき、私はバカなので、自分に理由をつけて新しい猫を……。「ビスク」っていうんですけどね、最後に来たのは。ビスクは売れ残ってて、下を向いてて、顔も変な顔だったんですよ。猫相の悪い顔で。

小林　何猫ですか？

石田　同じです（笑）。

小林　えっ？　全部、チンチラ・ゴールデンなの、家にいるのは？　で、その子は、ビスクは何歳ですか？

石田　ビスクは花と一緒ですから、九歳。花とビスクが一番若いです。（携帯の写真を見せながら）これはミントです、そして、これは四匹です。

小林　かわいい。高級な感じ！

石田　実際、もうちょっと雑巾みたいです。もっと毛糸みたいな感じで。

小林　チンチラって、なんかもっと顔が潰れて……。ああ、それはペルシャか。

石田　そう。チンチラってね、日本猫顔なんですよ。

小林　かわいいですね。何キロですか、これ？

石田　この子太ってて、五・五キロぐらいです。

小林　ちょうどいい感じだし。かわい〜。

石田　親バカですけど、かわいいです。

小林　これはかわいいね。菊地さん（編集）も、もっと飼ったりします？

編集　私、一人暮らしで猫一匹ですけど、「ちょっとこれ以上無理」って。だから、たくさん飼ってる人の気持ちを知りたかった、今日は。
石田　まあ猫は猫のコミュニティを作りますよね。
小林　そうそう。だから、一匹よりもいいんだね。楽な気がする、反対に、二匹とかのほうが。二匹とか三匹とか。二匹飼っちゃうと、もう二匹も三匹も一緒だからね、猫はね。犬は無理。犬をたくさん飼ってる人は、すごい。きっと体力があるんだろうね。

寝室の壁に穴が開いてたんです。
白い壁にボーンって。

編集　犬と猫っていうのはどうなんですか？　花ちゃんを連れて帰って、猫たちは大丈夫だったんですか？
石田　全然ダメでしたね。最初の一年ぐらい地獄のようでしたね。
小林　一年も？
石田　うん。だってもう、怪獣みたいだった、花。泣いてました、私、毎日。「ああ、もうダメだ〜」と思って。毎日なんか食べちゃうんですもん。
小林　食べますよね〜。何食べました？
石田　もうありとあらゆるものを……。靴とか。
編集　食べるって、かじるだけ？　飲み込んじゃう？
石田　食べちゃうんです。なくなるんです、跡形もなく。食べた残骸はあるので、「食べたな」ってわかるんだけど。
小林　食べ物じゃないものを食べちゃうんだ。
石田　はい。とびは食べ物を？
小林　うちは食べ物ですね。袋ごとチョコレートとか。
石田　ええ〜っ！　大丈夫だったんですか？
小林　一応動物病院に電話したら、「もし反応が出るんだったら、十何時間後に出るから、様子を見てください」って言われて。でも、全然平気で。靴のほうが大変。詰まりそう。

石田　でも、革だから、なんかなめしてという感じで（笑）。

小林　消化されて、いつかは出てくるかもしれませんね。

石田　他にも、すごかったです。電化製品もあらゆるコードを嚙み切って。携帯電話も一回……。危なかったですよ。よく大丈夫でしたよね。なくなっちゃった、携帯が。

小林　そ、そんな……。確かに、胃腸は丈夫ですよね。普通だったら、絶対なんか具合が悪くなりそうなのに。だって、人からいただいたお吸い物、最中《もなか》形式の、あれ一箱とか全部食べちゃって、お水のほうもガーンときれいになくなってる。「すごいお水飲んでるな」と思ったら、なんか残った袋、一袋ぐらいで、あとは全部見当たらなくて。台所……、台所の戸、いつも閉めてるんだけど、なんか〝誰か〟がね、閉め忘れて。そうすると自分でワーッと入って、届くところにあったものを全て食べちゃうみたいな。で、数日後に、うんちと一緒に出てくるんです。そんな繰り返しです。

石田　ティッシュとかも食べます？

小林　ティッシュは食べますね。

石田　花は一箱食べたことがあります。

小林　なんで生きてるんですかね、あいつらは（笑）。

石田　ほんとに、怪獣だと思いました。それであと、穴を開けたんですよ、壁に。ある日、仕事から帰ってきたら、シーンとしてるんです、家が。

小林　フフフフッ（笑）。不気味～！

石田　おかしいと。いつもはバタバタ走ってるから、「ええっ？」って、変だなと思って入ったら、寝室のドアが半分閉まって、半分開いてるみたいな。それですーっと開けたら、寝室の壁に穴が開いてたんです。白い壁にボーンって。

小林　ええっ。どのくらいの？
石田　子犬が入るぐらいのね。
小林　犬は入ってたの、穴の中に？
石田　そうなんです。で、私はもう……もうほんとにいやだって。もう今でも泣ける。「もういやだ、こんな犬」って。
小林　となりの家との間の壁に入っちゃったってこと？
石田　いや、違うんです。
小林　じゃあ、となりの部屋に入っちゃったってこと？
石田　となりのお部屋との壁に、なんか隙間があるんですよね、とにかく壁の裏が。そこに穴を開けたんですよね。
小林　壁になんか気になる一点があったんですかね。そこを掘り進んで……。で、入って出られなくなっちゃったのかな？
石田　いや、というか、そこに入って静かにしてるんです。顔中白くなって。
小林　「やっちゃった～」みたいな。
石田　白い犬でしたよ、そのとき。
小林　(爆笑)
石田　白い子犬が中でこう……。ちょこんと穴の中にいて、「ああ～っ、ほんとに見なかったことにしよう」と思って、もう疲れてたし、夜遅かったので、絶望的で。泣きました、ほんとに。
小林　(笑) 泣くでしょうね、それは。
石田　リフォームです。結果的には、全部ですから、何百万もかかっちゃって。家中リフォームしちゃいました。絨毯も全部はがして。
小林　その間はどうしたんですか、動物と石田さんは、どっか違うところに引っ越して？
石田　いえ、住みながら。すごいそれも大変でした(笑)。
小林　大変そう～。動物も一緒にそこにいて。で、業者さんに来てもらってやってるんでしょう？

石田　大変でしたねえ……。
小林　なんかすごい人生ですね。
石田　そうですか。全部一人でやらなきゃっていうか、誰も……。「こんなこと、誰かに頼めない」っていつも思ってて、なんか……。「お留守番、誰かに頼みなよ」とかみんな言うんですけど、頼めない。それで、泊まりの仕事のたびに一人で五匹をペットホテルとかに連れていかないといけなくて、大変で……。
小林　それはなんでですか？　やっぱり自分のプライベートなところに他人を入れたくないというう？
石田　いや……。
小林　じゃあ、「悪い」と思って？
石田　「悪い」と思っちゃうんですね。人んちの猫のようなのを、面倒見たい人はいないだろうって。
小林　そんなことないでしょう。動物好きな人いるし。それを仕事にしてる人もいるしね、好きで。
石田　そうですかぁ？　聡美さんちは、お二人とも空けるときは？
小林　うちは、もう……二人揃って「泊まり」っていうのがないんですよ。長くても、二人がまるきり空けるっていうのは、一泊ぐらいしかなくて。全然長くないですね（笑）。
石田　いいですよね。ペットホテル、かわいそうです。お金もすごくかかるし。
小林　ペットシッターにすればいいのに～。だって、ちゃんとお金払うんですから。ただで来てもらうわけじゃないんだから、悪くないですよ。

「ブリジット・バルドーか石田ゆり子か」って感じじゃない？

石田　時々近くを通るお店に、気になるオウムがいたんです。モモンガとか、プレーリードッグとか、ウサギとかカメとか熱帯魚とか、ちょっと変わった動物を売っている店があって、ちょっと不思議な感じの人が店主なんです。いつも一人で奥のソファに座ってて。そこに白いオウムのダイちゃんがいるんです。いわゆる「セサミストリート」とかに出てくるようなオウムです。真っ白で、くちばしが黄色い。かわいいので、よく見ていて。そのダイちゃん、なぜか車道に出されてるんです。商店街で、車がどんどんどんどんどんどん通るところに、籠が出されてるんですよ。

小林　路上に置いてあるの？

石田　そう。

小林　ええ〜っ！　かわいそう。

石田　車の排気ガスをすごい浴びてるんです。一番かわいそうなのは、止まり木がないんですよ。なかったの、ずーっと。で、ずーっと籠に摑まってるしかなくて、横向きに。

小林　それは飼われてるってこと？　売られてるの？

石田　いや、売られてるんですけど。私はかわいそうだと思って、「すいません」って入っていって、「この子はなんで止まり木がないんでしょうか？」って……。

小林　アハハハ（笑）。

石田　言いますよ、聡美さんも見たら言います、絶対。そうしたら、その店主が「ああ、昨日まであったんだよ」って。

小林　ええ〜っ！

石田　「私、毎日通ってますけど、なかったんですけど」って言ったら、「あっ、そうかい？　でもね、あったんだよ。あの子はね、くちばしで、取っちゃうんだよ」とか言うんです。それで、どうしたんだっけな？

小林　どうしたんですか。

石田　とにかく、見張ってましたね、ずーっと、通るたんびに。あみぐるみ作家のタカモリ・トモコ先生と、ひょんなことで私は知り合いになったんですけど、彼女も偶然このオウムのことを知っていて、同じように気にしてたんですよ。それで、タカモリ先生が止まり木を買ってきてあげたんです。お店の人に、「この子の籠に、さしてあげてください」って。

小林　タカモリさんも、そんな感じだよね。正義の人だよね。

石田　そうなの。タカモリ先生が。でも、何回も止まり木ができるんだけど、またなくなるんです。その繰り返しで、私はもう本当にかわいそうで……。でも、今はね、売れたんですよ。

小林　ほんとに売れたのかな～？

石田　ほんとですよね。値段聞いたら、「八十万」って言われました。

小林　ええ～っ！　それも嘘かな？　ほんと？

石田　そう思いますよね。だからネットで調べて、ただのお客さんのフリをして、神戸のペットショップに電話して、「すみません、あの『セサミストリート』みたいなオウムはいくらなんですか？」って、「一般的にいくらですか？」っていったら、「三十万から」って。

小林　それでも三十万するんだね。

石田　四十年ぐらい生きるって。

小林　ええっ、長生き。

石田　すごいおりこうなんです。喋るの。

小林　でも、鳥こそ本当に、ちょっと広いところがないと、かわいそうだね。籠だけじゃなくて。

石田　そうなんです。

小林　家に放してあげて、飼いたいぐらいですね。

石田　ほんとにね。そんな思い出もありますねえ。

小林　石田さん、動物関係すごいね。「ブリジット・バルドーか石田ゆり子か」って感じじゃない？

何やっても自由なのに、動物にはほんとに縛られてはいますね。

編集　では、続いて小林さんの動物ヒストリーを。

小林　私は、二十五のときに、誕生日のプレゼントに、親しい人からいただいたんです、猫をね。アメリカン・ショートヘアーの、「おとっつぁん」。かわいい猫でねえ、もうほんとに。

石田　それは、小林さんが欲しくて？

小林　なんかね、「やっぱり猫が好き」をやったあとで、私、動物は好きだけどそんなに飼ったことはなくて、うちも本当に鳥ぐらいしか飼ったことがなくて。で、「猫が好き」をやってるから猫を飼ってるっていうのも、すごい安直でいやだったんです。今でも、「猫飼ってる」って言ったら、「やっぱり?」みたいに言われると、ちょっとイラッとする（笑）。でも、一人暮らしを十九のときに始めて、二十五くらいで余裕がきっとできたんでしょうね。自分以外のものを世話する気持ちの余裕が。なんかそういうときに、フッとくるタイミングっていうのがあるんだよね。

石田　じゃあ、そのタイミングでのプレゼントだったんですね。

小林　ですね。で、飼い始めて。そしたら半年後ぐらいに、別の人からもう一匹もらって、それがオシキャットの「オシマンベ」。だからずーっと結婚するまで二匹いて……。

石田　三谷さん、猫アレルギーだったんでしょう?

小林　そう、猫アレルギーで。でもなんか、猫アレルギーの人って、ほんとにずっとダメなのかと思ったら、うちの夫のは、そういうのじゃなくて。

編集　克服した人の話も聞いたことがあります。最初だけすごく大変だけど、慣れたって……。

小林　そうそう。で、ぺーちゃん（数カ月前にもらった雑種猫の赤ちゃん）が来たときも、すごかったの、喘息になっちゃって。「じゃあ、ぺーちゃん、他の人にもらってもらう?」とかって言ったら、「治す」って。

石田　とびはどうしてやってきたの?

小林　とびは、渡辺謙さんのところのハリーっていう犬がお父さんなんですけど、生まれたって、うちに連絡してきてくれたんです。それで見せてもらいに行ったら、例のように、子犬ね、ラブラドール、ありえないじゃない、あのかわいさ。いや、かわいいんだ、まったくなあ。

石田　かわいかったと思います。

小林　とびね、ほんとに変な顔だったの。昔、お笑い芸人でジュリーの真似とかする人がいて、その人って顔がシワだらけで、その人に「うわあ、もうそっくりね~」と思ってたら、なんか、いい男になっちゃって、スーッとした。頭ちっちゃくて。

石田　とびと猫たちは大丈夫だった?

小林　おとっつぁんは大丈夫だった。犬も、最初来たときは、猫と同じぐらいの大きさだったの、五キロぐらいだったから。だって、猫の入れ物でもらってきたから。で、とにかくとびは、家の中で一番下の者だっていうふうに思わせるように、ご飯も一番最後にして、犬猫の間で何か諍いがあったら、それを「とびが悪い」っていうふうにして。

石田　先輩猫を立てて?

小林　そうそうそう。そうしたら、なんか半年ぐらいで、仲良しになって。

石田　とびはいい子なんですね。

小林　やさしい。あんなふうにくーくーうるさいけどね。あいつほんと、ほんとね、恥ずかしいんですよ。動きが止まると……歩き続けたい男なんですよ(笑)。

石田　(笑)なんか言ってますよね。

小林　ほんとに恥ずかしいんですよ。動物病院に行くと、なんかもう「あっ、とびちゃん来たんだな」ってみんな、診察室にもわかるみたいで。ずーっと待合室にいる間じゅう喋ってる。

石田　聡美さん、ホームステイしたり、なんかいろいろ海外行ってますよね。いろんなところに。

小林　好きなんですよね、旅行が。だから、もし動物とかいなかったら、私、すっごいもういろんなところへ行っちゃってると思う。だから、あまり行かせないために、「あんたはちゃんと家にいなさい」みたいな感じに、動物たちがいるのかな～って。

石田　そうですね。私も一人で、何やっても自由なのに、動物にはほんとに縛られてはいますね。あの子たちいるから、一泊以上はしないとか。でも、それは全然苦じゃないんですね。

小林　う～ん。

石田　むしろ、絶対私は、動物いないと生きていけない。

小林　うちも、動物が間違いなく「かすがい」になってますね。

石田　わかるっていうか。そうですね。人との間をつなぎますよね、動物って。

小林　そうそう。でも、石田さんは、想像以上に動物マニアですね。

石田　おかしいんですよ。ほんとおかしいんですよね。素通りできないんですから。かわいそうな猫とか、そういう動物は出てこないでほしい、私の前に。

小林　でも、そういう人を選ぶって言いますよね。そういう動物って、近づくと、逃げちゃったりとかしないんですか？　じっとしてるの、寄ってくる？

石田　わりと大丈夫なんです。ついこないだ、ちっちゃな鳥が、うちのマンションの、ガラス張りのロビーみたいになってる中に入っちゃって、ブンブン飛びかかっているわけです。で、かわいそうで。

小林　カラス？

石田　ううん、カラスじゃない。なんかね、とにかくいたんですよ。何の鳥かわからないけど、「これはいかん」と思って。で、普通捕まらないでしょ。でも、「おいで、おいで、おいで」って言うと、捕まった。

小林　石田さんから何かが出てる？

石田　で、手の中にスーッと入ったんです。スズメの子だったんです。スズメなんか初めて触ったと思って。かわいいんですよ。

小林　知ってる、知ってる。うちもそういうのありました。

石田　なんか弱ってて、嚙む力もないんです。うち猫いるし、入れないし、水だけ飲ませて放しました。

小林　飛んでいった？

石田　飛びました。

小林　うちも、なんかすごい近いところで、ピーピーピーピーピーピー鳴いてて。見に行ったら、飛べないぐらいのちっちゃいスズメの子どもで。でも、動物病院とかに、「ヒナを拾わないで」とかって書いてあるんですよ。「なんか病気を持ってたり、人間が捕まえると、母親が来たいのに来れない状況になるから」みたいなことが書いてあって。でも、駐車場の隅っこにいて、ここにいたら、もうこのまま死んじゃうと思って。だって、犬や猫みたいに親がくわえて連れていけないじゃないですか。カラスもいるし、食べられちゃうと思って、軍手して、まあとりあえずは、なんか安心させようと思って、家にスモークサーモンがあったから、それを小さく切って、割り箸でピピッとやっても、全然食べないね。スモークサーモンは食べなかった。

編集　ちっちゃい虫のフリして、スモークサーモン？

小林　そう、ほんと小さくしたんだけどね、全然食べなくて、それよりなんかピーピーピーピー鳴いてて。うちの前はテニスコートなんですよね、いっぱい木が生えてて。そこに置いておけば、誰か親が来るかもって、カラスも来るかもしれないけど、でも「それはそれでこの子の運命だ」って、木の根もとに置いてきましたけど。
石田　そのあとどうなったんですか？
小林　わからないんですよね。
石田　そういうエピソード、あります。私もいくつか。
小林　あと、家の窓を朝一番に開けたら、スズメが飛び込んできて、家の中に。
石田　なかなか出ないでしょう？
小林　そう。すっごい猫が大興奮して、大喜びして追いかけまわしているんですよ。それでもう、鳥は全然捕まらないし、窓全部開けても出ないし。でも、家の中に鳥がいるって、すごい楽しいなと思って。
石田　放し飼い……。
小林　結局最後は出ましたけど。なんか、鳥、楽しいだろうな〜。
編集　「鳥もいいかな」みたいな？
小林　そう。カラスが来たりとか。カラスも、一羽で見ると、べつにそんなヤなやつじゃないんですよ。
石田　カラス好きです、私。
小林　ねえ！　それで、ペーちゃんが、ベランダ大好きなんですよ。ベランダの植え込みのところで、小さくなってくつろいでいるところに、カラスが来て。
石田　持ってかれちゃう。
小林　そう、なんか、「持ってけるか、持ってけないか？」みたいな感じで見てて。ペーちゃんは初めてカラスを見たから、ものすごいびっくりしてて。「どうなるかしら？」と思ったけど、「連れていかれたら困るな」と思って、「ぺーちゃん、ちょっとこっちおいで」って。でも、カラス、逃げなくて。カラスにも、「ほんとに、やめてちょうだいね」とか言いながら。「ちょっと一回家に入ろう」って、ぺーちゃん入れて。でも、カラスはしばらくいて……。そしたら、ホイちゃん（小林家に三番目に来た猫・野良）が、兄貴ぶってカラスに向かっていって、「もう、しょうがねえな、パタパタ」とかってカラスが逃げてって。……ほんとバカな話ですね、動物バカな話ですね（笑）。

いろんな生き物が集って暮らすのって、やっぱり縁なんでしょうかね。

編集　小林さんのところは、おとっつぁんとオシマンベが死んでしまったのは残念だけど、長く生きたし、ホイちゃんもいるし、とびもいるしと思っていたら、ぺーちゃんが来て、「また猫？」ってびっくりしたんですけど。そのへんはどうなんですか？

小林　それもねえ……。それはホイちゃんがすごい寂しそうに見えたんですよ、猫一匹になって。なんかそれまでは、オシマンベは死にそうなんだけど、病院から帰ってくると、やや元気になるじゃないですか、ヨタヨタでも。点滴とかしてもらって元気になって帰ってくるじゃないですか。すると、おやじ狩りするんですよ、ホイが。椅子の陰とかに隠れてて、オシマンベがヨタヨタ来ると、バーンって飛び出して。「おらおら！」みたいな。オシマンベは、「やめれーっ！」みたいな（笑）。っていうぐらいに、すごい元気だったのに、オシマンベが死んじゃって、なんか一人でカリカリカリとかご飯食べて……。

石田　悲しいですよね。

小林　とびのこと大好きだから、とびとはいるんですよ。くっついて仲良くしてるんだけど、なんかちょっと寂しい感じで、ぼんやりしたりして。で、とびは大きいし、遊びの対象にはあまりならないじゃないですか。「そういえば、猫一匹だけって飼ったことないな」と思って。「まあでも、縁があったらね〜」と思ってたら、知り合いから、「姉のところで猫が四匹生まれて、聡美さんちは無理かもしれないけど、もし猫好きな人がいたら、聞いといてくださいね」って、メールが来て。写真が、お母さんのおっぱいに、カーッとしがみついてて、「うわっ、かわいい」と思って。でも、そのときは全然。「じゃあ、誰か知り合いがいたら、教えてあげようかな〜」って思ったんですよ。で、ちょうどこないだの舞台ですよ。舞台の稽古が始まって、もう毎日大変で、「何これ……ありえない」とかいう感じで。「帰っても、なんかただ寝るだけだし」っていう毎日。それで、「あの猫、みんなもらわれたのかな?」とふと思って。七月に生まれて、稽古が八月、もうひと月以上経ってたから、「もうみんなもらわれましたか?」ってメールしたら、「一匹だけ残ってます」って返事があって。

石田 それがぺーなんだ。何の種類なんですか？

小林 アメリカン・ショートヘアーと、なんかの雑種って聞いたんですけど、見た目はね、「ほんとによくうちに来たね」っていうぐらい、ホイちゃんに柄がそっくり。見ます?（携帯写真を出す）

石田 見ます！ ホイそっくりなんだ、へえ〜。うわあっ、かわいい。ほんとだ〜、かわい〜。

小林 でしょう? 柄がね、そっくり。

石田 ほんとですね。ホイの柄、かっこいい。ちょっと上着っぽい。

小林 初めて見た人とかね、「親子ですか?」って言われるぐらい、柄がね、似てるんですよ。

石田 じゃあホイちゃんは、ぺーちゃんが来て元気になった?

小林　元気って……病気（笑）。ノイローゼになりました。

石田　ぺーちゃんがあまりに元気すぎて？

小林　元気すぎて。もうほんとに、起きてる間じゅう、ホイがオシマンベにしてたように、「おやじ狩り」っていうか。

石田　飛び掛かったりするんですか？

小林　もう、ビュンビュン飛ぶ飛ぶ。それで、ホイがすっごいぼんやりしてきて。で、なんか皮膚が、毛が抜けてきて（笑）。動物病院へ連れていったら、男性ホルモンの分泌過剰みたいな。そういう皮膚病があるんだって、顎とかによくできるらしいです。あと、足とかの毛が薄くなっちゃって。まあ、一種のアレルギーらしいんですけど。ホイはもともと捨て猫で、目やにもすごくて蓄膿っぽかったの。で、手術とかもしてて、目が片方小さくなったりしたんだけど。だから、前からズビズビしてたのに、ものすごい鼻がカピカピになって、目やにがものすごい出てきて。たぶん、全体的にもう免疫とか抗体とか、いろんなものが弱くなって（笑）。

石田　ホイちゃん、いくつでしたっけ？

小林　ホイちゃん、八歳。でも、最近やっと慣れてきて、元のかわいらしい顔になってきたけど。

石田　かわいいですね。二匹「親子」って感じ。

編集　二匹、一緒にくっついてるとかわいいですね。

小林　そうでしょう。犬と猫も、こう。

石田　えっ、とびと？

小林　とびとぺーちゃん。こうやって、寝ます？

（二匹がくっついて寝ている写真を見せる）

石田　寝ない。犬と猫は別なんです。

小林　そうなんだ。一緒には寝ないんだ。

石田　うん。近くにはいるけど、くっつかない。それはない。

小林　ホイは、とびの頭とか耳とか、ベロベロベロベロ舐めるんですよ。ほんとにね……。

石田　かわいい～。うわ～、見てると幸せですね。

小林　こうやって、いろんな生き物が集って暮らすのって、やっぱり縁なんでしょうかね。

石田　そうですね。動物ってほんと、縁……。

小林　石田さんは、なんか自分で寄ってってってる感じがする。

石田　ダメです。

小林　おかしいね、「ダメです」とか言って。ダメダメ発言が多いのはなんでですか？

石田　わかってるんです。わかってるけど……。

小林　全然そんなことないですよ。

石田　いや～、やっぱりダメだ……。

小林　自分に厳しいんだな。もっと人に迷惑かけていいんですよ、石田さん。

石田　ダメですよ。

小林　もうすでに、すごい迷惑かけてるの？

石田　ううん、かけてない。でも、まあ母にはね。

小林　いいんですよ、人は迷惑かけて、人に迷惑かけられて……。そうやって生きていくんですよ。大丈夫ですよ。迷惑かけていきましょうよ。

石田　一緒に世話してくれる人を見つけます。それが一番早い、本当は必要なの。一人っていうのが、そもそも不自然なんですね～。

小林　石田さんなんて、すごいおモテになる――「おモテになる」っていう日本語ある？――おモテになるでしょうに。自分がその気になれば、いくらでも……。

石田　そんなことないです。みんなそんなふうにおっしゃってくださる……。

編集　でも、男の人は意外と誤解している。

小林　そうだね、そうだね、厳しそうだもんね。お母さん、東京に住んでるんですか？

石田　母は、東京近郊、車で一時間くらいのところに住んでいますね。

小林　近所にいるといいね。うちも、なんか旅行とか行ったりするときに、母親に泊まりにきてもらえばいいと思うけど、普段、動物とか飼い慣れてないから、きっと、動物好きだけど大変だと思うから……。よく外国とかだと、犬を飼ってる友人の家に、自分の犬を預けて泊まりに行ったりって、「へえ、そんなことができればいいな」とは思うんですけど。犬飼ってる人は、私の周りにいないからね、あんまり。

石田　そうなんですか。

小林　うん、意外といないんですよ。まあ、いても、大型犬にはなかなか対応できない。

石田　とびはいい子だから預けられると思いますけど。……私、とび見たらなんか落ち込んだもん。

小林　なんでですか？　そんなこと全然ないですよ。

石田　あまりにも花がボロボロなんで……。

小林　全然ボロボロじゃないですよ。

石田　「ちゃんときれいにしていったのに、あんなボロボロなんだ」と思って。

小林　全然ボロボロじゃないですよ。

石田　でも、とびのあの、聡美さんの指示を仰ぐあの感じが、本当にかわいい。

小林　あれはもう、「なんかちょうだい、なんかちょうだい」っていう顔ですから。

石田　すごい見てますね。

小林　すごい見る。

石田　絶対目を離さないじゃないですか。

小林　すっごい見る。そうなんですよ。わずらわしいですよ、家で、ずっとあれに、どこに行っても、ずーっと見られてると思うと。「もう見るな！」みたいな。

「下手だから、悔しいからやってる」っていうのはありますね。

小林　石田さんは舞台はしょっちゅうやらないで

すよね？

石田　私は、舞台は……。今まで四回？

小林　いい勝負ですね、私と。石田さんは、もしお芝居の依頼とか来ても、自分でいろいろ考えて、「やります」とかって決めていくんですね？

石田　そうですね。でも、正直舞台の世界のことがよくわからないんですよ。

小林　私もそうですよ。

石田　ちょっと「畑」が違うというか、舞台……。なんか自分への、なんていうんだろう、訓練っていうか、「なんか大変なことをやらなきゃダメだ」って思うからやるっていう感じで。

小林　今までやった舞台は、「12人の優しい日本人」（二〇〇五年）と、あと？

石田　一番最初に、鴻上（尚史）さんの、「ララバイまたは百年の子守唄」（二〇〇〇年）という舞台を、筧（利夫）さんとやったんです。もう、私、三十のときだったんですけど……。

小林　初舞台な感じですか？

石田　そう。わけわかんなくて、もうただ緊張と、なんか焦りだけで終わって。

小林　ふふふっ（笑）。

石田　「もうやるもんか」と思っていたら……。

小林　私も最初は思いましたね、「もうやるもんか」って。

石田　そう、「やっぱり向いてない」とまず思って。でも、それで、五年後ぐらいにかな？「マダム・メルヴィル」（二〇〇四年）っていう、鈴木裕美さんが演出で。成宮（寛貴）君と。一幕が一時間で、二人なんですね。で、三人目が村岡希美さんっていう、ナイロン（１００℃）の、役者さんが入って。最後の最後にお父さん（五森大輔氏）が出てきて、四人だけの芝居で。それをやって、そのあと「12人」をやって、で、明治座で「眉山」（二〇〇七年）っていう。

小林　そうだ、「眉山」だ！

石田　「眉山」やりましたね〜。
編集　次は三谷さんの舞台ですね。「国民の映画」（二〇一一年）。どうですか？
石田　楽しみですけど……。まだ本がないので（笑）、どうしたらいいのかわかんない。
小林　すごくたくさんの人が出ますよね。チラシ見て、「うわっ、こんないっぱい出るんだ」って。すごい濃い人たちが十二人集まってるから、「こんな出るんだ」って感じがしてるんですかね。
石田　必ず私は、その中で一番下手なんです。
編集　そんなこと……。
石田　三谷さんに言われたんです。「一番下手なんじゃない？」って。
小林　エラソーですねぇ。
石田　それで「そうですねえ」って。わかってますけど、そんなこと。とにかく私は自覚してるし、舞台の、だってそうそうたる面々ですから。
小林　うん、すごいですよね。
石田　そう。「なぜ私」って。私だけ、浮いちゃってるんです、なんか。
小林　あははは。そういう人がいるほうがね、いいんですよ。
石田　なんか薄っぺら〜い、紙みたいな人間が一人だけいるんですよ、十二人の中に。
小林　またそんなこと。
石田　そう。なんかもう、私だけ「ああ〜っ！」って感じの中で。
小林　でも、そのほうが気が楽じゃないですか、「すいません、なんか、やらせてもらっちゃいます」みたいな。
石田　いや〜……。
小林　迷惑かけちゃって、いいんですよ。もうどんどんわざと下手にやってください（笑）。
石田　（笑）
小林　「うわっ、下手〜、ゆり子」と思われるぐらいやり通しましょうよ、今回。期待してます。

石田　見に来てください、じゃあ。というか、一生懸命やっても、その状態である可能性もあるし……。

小林　あはははは。まあでも、どんな本なのかって、わからないところがね。

石田　そうなんです。本がわからないので……。なんか「歌って、踊る」とか言われてるんですけど、「歌うか踊るかなら、早く言ってください」って思って。

小林　そうですよねえ。本番って、いつでしたっけ？

石田　来年の春、そんな先ではないじゃないですか。

編集　小林さんも意外なことに、あんまり舞台をやってないんですよね？

小林　そうなんですよ。

石田　今まで何本？

小林　私、今まで六本ですね。

石田　いっぱいやってるイメージがありますよね。

小林　なんか私ね、向いてないと思うの、やっぱり私も。

石田　そんな、上手いです。

小林　っていうか、俳優に向いてないと思うのよ。

石田　あれ？　向いてない。

小林　なんでやってるんですかね、私たち。書いていいんですかね、これ？

編集　それはぜひ聞きたいです。

石田　私は、食べていかなきゃいけないので（笑）、やってるんですけど。

小林　（笑）えっ、でも他にもできるじゃないですか。

石田　他に？

小林　動物愛護とか。

石田　いやあ（笑）。

小林　でも確かにね。私も「今から他に仕事をやれ」って言われてもね、確かに……。

石田　あと、「下手だから、悔しいからやってる」っていうのはありますね。なんか満足できないので。「次こそは」っていう。

小林　わかる、わかる。

石田　見ているのが好きなのと……。好きではありますね。仕事が嫌いというわけではなくて、「これでやめられない」っていう感じですかね？

小林　わかる、わかる。あと、自分ごときが、社会になにか喜んでもらえてる部分があるのかと思うと、なんかちょっとやっていく意味もあるのかなと思う感じ？　そういう感じがある。でも、それがなくなっちゃったら、わかんないけど……。仕事のことって、暗ーくなってく……（笑）。

石田　いや～、聡美さんは、そんな～。

小林　いやいや、石田さんは、なんか動物の資格とか取ったらどうですか？「何とか士」。

石田　取りかねないですよね。取れると思います、私。怖がらないので。

小林　取れると思う。うん、取りましょうよ、まず（笑）。……というか、べつに辞めるほうの相談をする必要はないんですよ、私たち。バアさんになるまでやりましょうよ、石田さん。

石田　はい。ぜひ一回聡美さんと共演したいです。

小林聡美×井上陽水

代官山〜中目黒

桜の満開の時期を一週間ほど過ぎた日曜日。小林さんと井上さんという、ちょっと不思議な組み合わせの二人は、代官山から中目黒を散歩しました。お祭りのような人ごみの中、目指すはちょっと特別なホットケーキ。実は十六年来のつきあいという二人、美味しいホットケーキとコーヒーをいただきながら、出会いやお互いの相性などについて、語りました。

なんかほんとお祭りみたいだね。いっぱい人いて。桜、散っちゃったのに。

井上　今日さ、普通の革靴はいてこようと思って、それで外に出たんだけど。そうしたら、ズボンが紺で、靴が黒かったって、外に出てわかったの。で、タクシー待たせて、ちょっと待って、って。はきかえて。……もっと悪い靴を選んでしまった。

小林　なんで？　どこが？

井上　足下が汚い……。

小林　（笑）いいじゃないですか？　なんで？　もうこだわりー（笑）。しゃれてますよ。運動靴でいいじゃないですか。

井上　運動靴って言うのか（笑）。

小林　あはははは。

井上　「ズボン下」みたいな言い方するね。

小林　運動靴でいいですよ。スーツに運動靴。

井上　そんな暖かくないね、外。寒くない？

小林　大丈夫です。これすごく暖かいんです。ここからここまでの（腹部からお尻をさして）腹巻きしてるんです。女優はいろいろ装備がすごいんですよー。肉体労働者ですから。

井上　ホカロンなんて、日常的に使うくらい？

小林　そう、もう箱買いですよ。今日、最終目的地はどこか聞いてる？

井上　聞いてない。

小林　あはははは。これから、西郷山公園の方に行って、最終目的地はね……。

井上　あ、目黒川の桜。違う？

小林　うーん、惜しい！　目黒川沿いにある、飯島奈美さんっていうね、我々の映画（「かもめ食堂」「めがね」「プール」「マザーウォーター」など）のフードスタイリストをしてくれてる人のアトリエがあるんですよ。そこで、ホットケーキを焼いてくれるらしいんです。

井上　いいねー。楽しみだね。食事したの？

小林　しましたよー、朝から労働してますから。その後、お昼を……。
井上　俺はホットケーキにかけてる。
小林　ほんと？　よかった。美味しいですよ、絶対。
（裏道を通って西郷山公園に到着。葉桜の下でお花見する人がいっぱい）
小林　すごいー。ちょっとちょっと、ここで何をしろと……？（笑）
井上　葉桜といえども……。
（ギターで激しく弾き語りしている中年男性。ヘッドホンをしているので、井上さんが隣に立っても気づくことなく、演奏は激しさを増して……。激しい演奏をBGMに、二人並んで記念撮影。小林さん、広場の隅にある大きな溶岩に添えられたプレートを見て）
小林　あ、これ鹿児島からですよ。どうして鹿児島から……。
井上　西郷山だからね。
小林　そうか、さすが〜。さっすがベテラン。もう、着目点が……。あ、こっから富士山が見えるんですね、きっと。「冬の富士の眺め」って書いてある。
カメラ田尾　ピクニック度、高いですね。
小林　ねー、楽しいのかな、こんなに密集していて。大変だわー、こんな密集してたら。
（西郷山公園を出て、住宅街に入る）
小林　あー、やっと静かになった。このへんはひばりさんのご自宅のそばですよ。
井上　そうそう。
小林　なんかあっち側じゃない？　私、見に行ったことないんだけど。
井上　もう一本向こうかな……。ここらへんもいいよね。
小林　ねー。
井上　でもちょっとコンビニに、とかラーメン食べに、とかができなさそうだよね。

小林　そうね、スーパーとかも遠いかも……。

井上　届けてもらったりするんじゃない。

小林　ここ曲がったところにね、「キンケロ・シアター」っていうのがあるんです。知ってます？

井上　あー、聞いたことある。

小林　キンキンとケロンパがやってる。ここほら、「キンケロ・シアター」。行きますか。あははははは。写真撮ろう。

井上　出たことあるんじゃないの？

小林　ありませんよ（笑）。あ、ポスター貼ってある。やってるんだねー、キンキン。あ、出てるんだ、ご本人が、ほら。キンキンシャンソンバンドだって……。へー、キンキンっておいくつくらいですかね？

井上　七十二、三？　違う？

小林　あー、それくらい。

井上　六十ってことはないもんね。

小林　それはない（笑）。キンキン、面識ありますか？

井上　ない。

小林　すっごい言葉少なくなってる。「ない」って……。先輩は配慮が行き届いてるから。余計なこと言わなーい、って。

（目黒川沿いに出ると、すごい人ごみ）

小林　なんかほんとお祭りみたいだね。いっぱい人いて、ねー。桜、散っちゃったのに。

井上　もう散っちゃった？

小林　もう、ほぼ葉っぱですね。日本に咲いてるソメイヨシノって、寿命が六十年から七十年くらいなんですって。で、第二次世界大戦が終わったときに、みんなを励ますためいっせいに植えたのが、今、日本に咲き誇ってるらしいんですよ。だから、そろそろ桜たちも寿命になってるらしく。

井上　あー、もう六十から七十年ね。

小林　そうそう、だからどうするのか、新しいのを植えるのかって。ぼちぼち新しくしないと、って。

井上　ああ、日本中の桜に言えることなんだね。

小林　そう、千年とかいう桜はソメイヨシノじゃないんだって。

井上　また別のね。

小林　山桜とかそんなの、日本の桜の原種と言われてる……。ちょっと勉強してきた（笑）。このへんの、幹とかが細いのは、まだ若いんでしょうけど。

井上　ここらへんはまだね、ちょっと人集めに植えようかって……。

小林　ほんと、祭りのようだね。

（選挙のポスターを見て）

井上　朝丘雪路さんに似てる。

小林　（笑）ほんとだー。先輩、よく見つけるねえ。この人、仮面ライダーストロンガーだって。入ってた人なのかな？……あ、焼き芋の匂いがする。

井上　アベックがねー。

小林　（笑）「アベック」。アベックが、焼き芋食べながら……。いい匂い〜。

カメラ田尾　この焼き芋屋さん、同じ人だと思うんですけど、私が学生のとき表参道にいて、お客さんがいないとき通りかかるとくれるんですよ。それを目の前で美味しそうに食べてくれって言われるんですよ。

小林　えー、お店の前で。

カメラ田尾　そう、サクラをやらされるんです。

小林　考えるね、おじさんも。でも、お互いタダだからね。

カメラ田尾　そう、タダだから、喜んでもらって皆で食べてました。

小林　もうこのへんですよ、ホットケーキ。

井上　俺、その下の飲み屋入ったことある。

小林　ほんと、いろんなとこ出没してる。

井上　飲み屋っていうか、バーかな。しかし、目黒川で撮影って、決まったときはまだ桜もちらほらね……いろいろ想像したけど。
小林　うん。
井上　想像以上の……。
小林　うん、人がね。ホントにね。
井上　あ、この下に来たことある。
小林　え、ここですよ、奈美ちゃんのアトリエ。
井上　この下になんか……。
小林　ダンススクールって書いてあるよ（笑）。ダンススクール行ってたの？
ボブ・ディランは神様かなと思ってるんだけど。来日したとき、麻婆豆腐をごちそうしたいなって。
飯島　（玄関を開けて）いらっしゃいー。
小林　こんにちはー。
井上　お邪魔します。
小林　なんかすみません、奈美ちゃん、今日は。お邪魔しますー。お日様あたって疲れちゃったね。眠いね。歩いたからね。
飯島　適当に座っててください。じゃあまず、歩いてきて、のどが渇いたと思うので、ちょっと柚《ゆ》子《ず》の果汁の入ったお水を、どうぞ。
小林　いただきます！　う〜ん、なんと爽やか。
飯島　水に柚子を入れただけなんです。
井上　真心が味となって。
小林　本当に。う〜ん。美味しい！　養子になりたい。
（テーブルには、それぞれに手書きのメニューが。ホットケーキ、コーヒー、紅茶と書かれている）
飯島　コーヒーと紅茶はどちらにしますか？
小林　え〜、どうします？
井上　コーヒー。
小林　じゃあ、私もコーヒーにします。おトイレとか大丈夫ですか？

井上 もう、いろいろやりたいこと山ほどある。

小林 ねえ。たばこも吸いたい。一服どうですか。

井上 ああ、そこ（ベランダ）で。

小林 今吸いたいでしょ、正に。

井上 いや、まあ。

小林 ほら、吸いたくなってきた（笑）。

（小林さん、一服する井上さんに付き合って、ベランダに。二人しばらく談笑してからテーブルに戻り）

井上 しかしさあ、よく亡くなる前にね、何が食べたいかとかいう質問ってあるじゃない。

小林 うん。

井上 だいたい僕はもう麻婆豆腐。

小林 （笑）そんなに好きなんだ。

井上 いや、だからね、麻婆豆腐を食べて、デザートで杏仁豆腐を食べるっていうのがね。

小林 豆腐、豆腐ですね。麻婆豆腐に杏仁豆腐。

井上 うん。

小林 九州の人は柔らかいものが好きですよね。

井上 （笑）そうかな。確かにね、東北なんかだと……。

小林 うん。

井上 あそこらへんはなんか歯ごたえがっていうか、がっつり（笑）。

小林 がっつり。

井上 が、好きみたいね。そっちなんじゃないの？

小林 いやあ～。

井上 どっちかっていうと北の方でしょ。

小林 うん、まあ、そうですね。

井上 ねえ。

小林 私だって、あんまりゴアゴアした食べ物は、あんまり……（笑）。好きですよ、麻婆豆腐。でも最後に……最後に麻婆豆腐はないね。

井上 いやあ、君たちわかってないね。僕のアイドルっていう人がいて、それ、ボブ・ディランっていう人なんだけど。もうちょっとこの人は神様かなと思ってるんだけど。彼が日本に初めて来日して、コンサートに来たときも、今から三十二、三年前だけど。麻婆豆腐をごちそうしたいなって思ったわけよ。

小林　（笑）ボブ・ディランに？

井上　いや、思っただけで。彼はこのことを知らないけど（笑）。すごく自分でいいアイデアだと思って、彼ならわかるんじゃないかなと思って。で、このことが何でそんなに麻婆豆腐が好きなんですかっていう説明にはならないけど、まあ、わかる人にはわかるみたいな（笑）。

小林　うん、好きな人に、もう神様というような人にも食べてほしいぐらい好きだ、と。

井上　つまりここで天ぷらとか、お刺身とか、そういうんじゃないだろうな～みたいな。まあ、東洋の神秘（笑）。混沌とした、この。まあ、そんなふうに思ったんだよ。

小林　ふ～ん。

井上　そんなふうな質問って聞かれたことってあるでしょ。

小林　あるある。

井上　ねえ。死ぬ前にって。

小林　でも、何て答えたかな？

井上　普通難しいよね、答えるのは。

小林　うん。なんかね、何て言ったかな。でもたいてい白いご飯、白いご飯って言うよね。……枝豆って言ったときもあったかもしんない。でも、ちょっと変わった。枝豆、体が冷えるっていうことがわかった（笑）。枝豆の見方がちょっと変わった。枝豆、好きだったけど。でも、冷やすんだって、体。だから夏の食べ物。豆は、体を冷やすらしいよ。

井上　生姜は温めるんだっけね。

小林　生姜は温めるんです。

井上　蟹の後ね。

小林　蟹の後に生姜？
井上　蟹は結局冷やすんだよね。
小林　冷やす、冷やす。
井上　で、生姜を食べると。
小林　ちょうどいい。
井上　ちょっと上げるっていう。上げたり、下げたり。
小林　健康に気を遣ってますね。
井上　（笑）そうじゃないんだけど。一時、蟹が好きでね。
小林　一時っていうか、ずっと好きじゃない。
井上　ずっと好きで。原節子もさ、「新潮45」で。まあ、原節子の特集みたいなのがあって、その中にね、原節子が十五歳の頃の古い映画のDVDがついてて、白黒で、もちろん何て言うの、サイレントなわけよ。もうすごい映画なんだけどさ。北方領土のなんかそういうテーマで、こんな蟹をね（両手を広げる）、北海道の漁師がガーッとしてるようなものがたまたまあってね。それ、原節子が十五歳で出てきてるんだけどさ。いや、それを見てね、いやあ、これは、って……。蟹の同好会があるんで。
小林　さらっと言ってるけど。蟹の同好会。
井上　これは見せないと、同好会にと。タラバガニだけどね。これぐらい（また両手を広げて）あって。
小林　そんなにあったら、水族館にいそうじゃないですか。
井上　そうそうそう。だから昔はそんな蟹がたくさんいたんだなと思ってね。戦前だからね。
小林　（笑）戦前。
井上　原節子、だから（笑）。まあ、そんなこんなですよ。蟹は特別だと思うけど、そんなことない？　蟹のスペシャル感ってない？　ないか。
小林　九州の、ごめんなさいね。地域で切っちゃって。九州の人、蟹好きだよね。日常的なんだって聞いたけど。スペシャルじゃなくて。

井上　そうかね。子供の頃、蟹なんてなんかあんまり口にした記憶はないけど。蟹って特別感がない？　海老と違って。

小林　まあね、蟹はね、ごちそう感がすごくありますよね。海老よりね。うん。

僕はね、お腹が空いて機嫌が悪くなるとか、そういうタイプの人間じゃないんですよ。

井上　これからホットケーキをいただきます。これは、なんかね、まあ、どっちかっていうと甘い感じだね。

小林　井上先輩的には、甘いものって結構好きじゃないですか。

井上　大好き。

小林　そこはね、男性としてとてもポイント高いね。

編集　小林さん、ホットケーキやパンケーキが好きですよね。

小林　え？　そう？　私、別に意識したことない。

編集　でも旅行に行ったら必ず。

小林　ああそっか、そうなんですよ。あと、人にカレー好きですねって言われた。でも、そういう、知らない店行くと、カレーが一番無難じゃないですか。味も比べられるしね。だからカレー。ホットケーキもまあ頼みます。ええ。何なんでしょうね、ホットケーキ……。

井上　やっぱりホットケーキをたとえばね、ホテルなんかのお茶飲むようなところで頼む感じで。

小林　頼む感じ。

井上　気品があるよね（笑）。

小林　（笑）気品。そう？

井上　ゴージャスなね、スイーツを頼むと……。

小林　パフェみたいな。

井上　なんか田舎から来た人かなっていう感じあ

るけど。

小林　（笑）ああ、なるほど。

井上　ダイアナ妃的な人は（笑）、ホットケーキかな～って。

小林　ロイヤルな、すみません、ちょっと、申し訳ない私。

井上　品がいいんですよ。

小林　先輩はいいこと言いますなあ～。帝国ホテルのホットケーキもすごい美味しいんですよ。ちっちゃいやつじゃなくてですよ、大きいやつですよ。

井上　そういう意味じゃ、そのカレーもそうだけど、いろいろあるよね。好みもあるけど、まあ、やっぱりあそこのホットケーキはすごいとかね。あるよ。

小林　あるある。そうなんですよ。食べたくなるんですよ。

井上　あそこは大丈夫でしたよ。オークラ（笑）。とか言ったりして。やっぱりホテル、老舗《しにせ》のホテルのね、ホットケーキが美味しいんでしょうね。

小林　まあ、そうかもね、老舗はね。あと、パンケーキ専門屋さんとかもあるけどね。自由が丘の有名なパンケーキ屋さん、あと三茶にもありますよね。保育園みたいなパンケーキ屋さん。そこも美味しいですね。

井上　保育園みたいなパンケーキ屋さんが。ああ。

小林　内装が保育園みたいなんです。大人が入るにはちょっと気恥ずかしいような。

井上　でも、美味しい？

小林　美味しい。

井上　いやあ、ホットケーキを追求し出すと、まあ、きっと深いと思うよ。つまり、一見ね、変わらないんじゃないの～なんていう、なんかわけのわかんない人は言うけど。そこの差がね。

小林　うん。今日朝ご飯食べました？

井上　いや、食べてないです。

小林　嘘！　何時に起きてるんですか。
井上　今日、ずっとね、テレビ。
小林　テレビ観てた？
井上　朝から。
小林　これからの日本とか、なんか。
井上　うん。日曜の朝っていうのは、おじさんたちがたくさんテレビに出るね。
小林　討論番組とか、結構いっぱいありますもんね。
井上　日本の明日、東北の明日どうするのかっていうようなこと。観とかんといかんなって。
小林　ご飯も食べずに？　じゃあ、今すごいイライラしてるんじゃないですか、実は。
井上　僕はね、お腹《なか》が空いて機嫌が悪くなるとか、そういうタイプの人間じゃないんですよ。
小林　へえ〜大人ですね。
井上　いやあ、マゾヒストっていうか（笑）。
小林　（笑）
井上　だからね、こないだ、連れ合いが、すっごい機嫌が悪くて、お腹が痛いとかなんとか言うから、大丈夫？　みたいなこと言うじゃない。そして、ああ、ちょっと気分が悪いから、病院とか言うから、まあ、それでその前に、ちょっと一緒にラーメンなんか食べに行くことがあったわけです。
小林　お腹が痛いって言ってるのに？
井上　お昼にね。だから病院に行くのは行くよ。でも、その前にちょっとラーメン、子供たちもいてね。ラーメンの流れになって。そこでちょっと離れて食べてたら、替え玉したって言うんで（笑）。替え玉ってわかる？
小林　替え玉、おかわり。麺だけおかわり。
井上　さっきお腹痛いとか言ってたのが替え玉してて、え？　お腹痛くないの？　って言ったら、あ、今考えたら、お腹が空いてたんだよっていうことで。……ああ、それ、全然人種が違うなと思ったんですよ。僕とは。でも、女性はそういう系統の人が多いのかもね。お腹が空くとやっぱり。

小林 うん、お腹が空くとやっぱり。

井上 無口になるっていうか。

小林 うん。機嫌悪くなる。

井上 その証拠にバッグの中にはスイーツとかね、そういうものを必ず。いざというときがね、あるから、おにぎりの一つも入れて。

小林 おにぎりまでは入らないけどね。

井上 （笑）いつ何があるかわからない。

小林 ああ、そういう人いる。

井上 そこらへんがやっぱり母性として。いざっというときはね、子供を育てないといけない。いろいろあるんです。

小林 （笑）子供がいなくともスイーツは。

井上 ああ、やっぱり。女性は女性ですから。

小林 でも、お腹鳴りませんか。私、本当お腹が鳴るんですよ。仕事にならないんですよ、もう。シーンとしたところで、ガーッと鳴ったりするんで。

井上 それはもう、結構もう長い間あったの？ 体質として。

小林 そう。もう小学校の頃なんか、三時間目終わったぐらいから鳴り出すんですよ。筆箱ガシャガシャってやったりして。

井上 お腹空いて鳴るっていう典型的なやつ？

小林 そう。

井上 （笑）それもね。

小林 それも見事に鳴るんですよ。

井上 お腹が空いて鳴るっていうのも、よくそういうね、話ってあるじゃない。グーッとかっていって。

小林 そう。本当にグーなの。

井上 本当にそんな人いるのかと、かねがね思ってたんだけど、いるんだね。

小林 私がそれなんですよ。

井上 ああ、そうですか。

小林 本当に鳴るんですよ。

井上 はっはあ〜。

小林 っていうかね、周りの人に迷惑かかるんで、空腹でいちゃいかんと。（ホットケーキが焼き上がる）はあ〜い、来た来た来た。ありがとう。

飯島 どうぞ〜。

小林 美味しそう。

井上 美味しそう。いただきます。いただきます！

小林 いただきます。へえ〜これ、生地に何か入ってるんですか、特別なもの。ああ、いい匂い。

井上 本当だ。高貴な。ロイヤルな感じ。

小林 ロイヤルな感じで。美味しそう。これはシロップだ。

井上 シロップですね。

小林 わあ、なんか美味しそう。

井上 これは、ミルクどうやってつけるんですか？

飯島 それはコーヒーに。こっちにシロップがあるんです。

小林 あはははっ。かけないでしょ、ミルクは。

飯島 でも、自由なんです。

小林 （笑）自由だって。ミルクかけてもいいそうです。かわいいカップですな。これ、パンケーキには切り方に特徴が皆さんありますよね。

編集 あれ、小林さん、ちっちゃくないですか？

小林 ええ？

（小林さん、二センチ角に四角くカット）

編集 三角にほら、こういうのが。（井上さん、正しく三角にカット）

小林 そうなんですよ。三角じゃないんですよ、私は。

井上 柔らかいね、ふわふわ。ロイヤルな感じ。

小林 うう〜ん、美味しい！ 奈美ちゃん、美味しい！

飯島 よかったです。粉の配合でだいぶ食感とか違うんで……。

小林　美味しいね！

井上　うん、素晴らしい！

飯島　ありがとうございます。

小林　美味しいよ。美味しいね。

編集　ホットケーキって、小麦粉と卵と牛乳と……。

小林　あなどっちゃいかん。

飯島　ちょっとバターなんですけど。今日はちょっとだけサワークリームも入れてみました。

小林　うんうんうん、そんな感じ。ねえ、美味しいね。ホットケーキを馬鹿にしちゃいかん。

飯島　小林さんも、自分で作るんですか。

小林　んとね、作るときもあるけど。でも、ミックス系、美味しいと言われてる。なんか今、いろいろ出てるのね。あとね、一個のフライパンでこのぐらい（コースター）の大きさのやつが焼けるフライパンとかあるでしょ。一回で五枚ぐらいいけちゃう。それで焼いたりします。

飯島　私が作るとつい大きくなる。元気になっちゃう（笑）。小さいの二つとか思ったんだけど、大きい。これ、二つも食べれない。

小林　美味しい。

井上　美味しいね。柔らかい。

小林　うん。

井上　でも本当あれですね、なんか気品のあるケーキ。

飯島　ありがとうございます。

井上　どうなのっていう、このうるさい主張がないっていうか（笑）。

小林　本当に。

井上　素敵なお味で人柄が偲ばれるっていうか。

小林　（笑）

飯島　なんか気の利いた返事をしたいんですけど（笑）。

小林　何気なく美味《うま》いんじゃないんだよね。知らないところでものすごい練習してるんだと思うよ、ねえ。

飯島　でも、本番に弱かったりするんです（笑）。

小林　いえいえ。

私は初対面のとき、怖かったですよ。だって、大先輩ですよ。

なのに、なんでこんなに、仲良くなったんですかね。

編集　お二人の出会いは。

小林　もうね、ハッと気がつけばもう十六年前ですって。私、三十歳のときですから。

井上　そうなりますね。

小林　石原さん（同席している幻冬舎専務）、全然違うでしょ、そのときの私たちと。

石原　全然。だって最初知り合いじゃなかったですもん、二人。

井上　石原君があれなんじゃない。縁結びっていうの。

小林　連れていかれたんですよ、私が井上さんの仕事場に。

井上　こっちは僕が一方的なファンだったっていうだけで。

小林　いえいえいえいえ。

井上　この人は優秀だなっていうか。

小林　いえいえいえいえ。

井上　魅力ある人だなっていうことで、かねがね石原さんにはお願いしてはいたんですけどね。一度お会いできないかなと。

小林　そうなんだ。

石原　それで、小林さんの文庫の解説（『ほげらばり　メキシコ旅行記』幻冬舎文庫）を陽水さんにお願いしたら、陽水さんが小林さんにQ&Aを出した。

小林　そうそうそう。意地悪なQ&A（笑）。

井上　意地悪でもないんだけどね。

石原　そしたら小林さん最初びっくりして。

小林　そうですよ。だって怖い人でしょ。普通パッと見。ねえ。こんなにかわいらしく優しい人もいないでしょうぐらいなのにね、本当は。

井上　いろんな面があります（笑）。

小林　それがきっかけでしたけど、それ以来。

井上　テレビでね、お願いしたり。

小林　そう、テレビに一緒に出たりとか、あとライブにお邪魔したり。

井上　あ、そうそうそう。ときどきいらしていただいて。「頑張っとるね」とかいうあれ（笑）。

小林　「今日もよかったぞ」って（笑）。

井上　そうなんですよ。僕は「やっぱり猫が好き」を見てね。

編集　素敵な女優さんだなと思われたわけですか。

井上　そうなんです。

小林　変な人だな、みたいな。

井上　やっぱり、スピード感があるし、臨機応変というか、機転と。それと、違う番組で、どっかね、カリブかメキシコかキューバにいらして。

小林　キューバだ、キューバ。

井上　そして、お祭りマンボ。

小林　はいはいはい。歌いました、お祭りマンボ。

井上　あれをたまたま拝見して。ああ、この人は音楽的な才能とエンターテインメントもまたすごいんだっていうことでもう、石原君！　とか言って。

石原　ぞっこんでね（笑）。

小林　恥ずかしいねー（笑）。私は初対面のとき、怖かったですよ。だって、大先輩ですよ。なのに、なんでなんでしょうね。なんでこんなに、仲良くなったんですかね。

井上　あのね、結構、笑えるポイント近いのかもしれないですね。

小林　あと、恥ずかしいポイントね。

井上　あ、そうそう。こういうのが恥ずかしいねとか、笑えるポイントがね。それからスピード。

……とか言ったりして（笑）。

小林　（笑）そう思ってるっていう。

井上　（笑）俺が速いみたいな。

小林　速いですよ。井上さん、すごい速い。

井上　でも、表現できないんですけど。ただ、速さがわかるということは、速いのかな。

小林　速い速い。井上さん速いです。

井上　そうなんですよ、もう、ときどき話しててもね。さっきもなんかね、面白いことがあったよね。

小林　うん？

井上　さっきあったじゃない。ここにお邪魔してすぐ。

小林　ああ、一服どうですか、って話ね。

井上　あんたの言うことぐらいわかってるみたいな。

小林　失礼しました。

井上　そうなんですよ。このスピードはね、貴重ですよね。

小林　あと共通してるのが、血液型がAB型同士なんです。

井上　それを意外と見過ごしてるけど、大事なことかもね。

小林　（笑）

井上　僕の経験で言うと、AB型の人に対して、なんか僕は安心感があるんですよ。周りにAB型が比較的多いんですけど。スタジオなんか行って、四、五人いて、別に知らなかったんだけど、血液型チェックしたら全員AB型だったとかね。

小林　へえ、それはすごい。

井上　で、なんで安心感があるかというと、やっぱり一応変人っていうか、困った人種みたいに思われるんですよ、AB型って。

小林　うん。

井上　で、まあ、自覚症状もないじゃない。だからひどいな〜とか、いいな〜とか、逡巡《しゅんじゅん》してるな

〜とか、ずいぶんあっさり決めるね〜とか、いろんなことをわかってもらえるような気がして。

小林　うん。

井上　こんなひどいやつでごめんね、みたいなことまでね。そこらへんも。

小林　（笑）言い切らない。

井上　こういうところで話が止まるところも、ちゃんと受けていただけるっていう安心感。これはやっぱり、違うタイプだと、何、この人？　ここで話終わるの？　みたいなことで不愉快な感じよね（笑）。そういうことです。

小林　ね。そうです。だから会うたびに気が合うことがわかってくるから、年月を経てこのように仲良くなれたんじゃないですかね、きっと。ねえ、先輩。

井上　そうそう。だから、こうやって馬が合うとか、男女の仲を超えてね、なんか人間と人間としてとても仲がいいよね。

小林　あははは。そーですね（笑）。

こんなピュアな曲を作るんだったら、まあそれほど悪い人ではないだろう的な（笑）。

井上　そういえばあれもなんかちょっと感激でしたね。映画にね、曲を使っていただいたこと。

小林　ああ、そうでしたね。

井上　あの映画のタイトルは何でしたっけ？

小林　「かもめ食堂」ですよ。

井上　多くの人から、あの映画で、「かもめ食堂」で、かかってましたねと。

小林　一番最後にね、「クレイジーラブ」。

井上　「クレイジーラブ」と、あと。

小林　そう、「白いカーネーション」。

井上　「白いカーネーション」をプールの中で歌ってくれた。素晴らしかった、なんてね、僕の周りでも言ってくれる人がいて。本当、仕事上でもずいぶんお世話になってるなと思って。
小林 そんな先輩、こんな、こんな白昼でそんなになんかいろいろ称《たた》えられると、もうどうしていいのか……。
編集 カーネーションの歌は、小林さんがシーンに合うんじゃないか、と思いついたんですよね。
小林 そうですねえ。
井上 でね、僕はね、その曲を作ってたことも忘れてたんですよ。でも、こうやって見るべきものがあるって言ってくれている人が身近にいたんで、あれからずいぶんステージでも歌うようになったんですよ。
小林 うんうん。
井上 そういう意味では、啓発っていうかね、いろいろやっていただいてる面もあって。
小林 （笑）
井上 だから足向けて寝れないところもあるんですよ（笑）。先生、何かおっしゃってください。
小林 もうなんか、何も言えません（笑）。
井上 そうなんですよ。
小林 ふ～ん。そうなんだ。ねえ。
井上 ねえ。
編集 「白いカーネーション」は前からよく聴いていた？
小林 いや、やっぱり井上さんと知り合って、いろんな昔のアルバムとかいっぱい聴くじゃないですか。
井上 そうか。この人どういう人なの？　とか言いながら。
小林 そうそうそう。
井上 どんな感じか聴いて、ああ、こんなピュアな曲を作るんだったら、まあそれほど悪い人ではないだろう的な（笑）。
小林 そう（笑）。セーター洗って絞れないとかいう歌も。あの歌もいい歌ですよね。知ってます？

井上　あどけない君のしぐさ。
小林　そうそうそう。
井上　知ってます（笑）。
小林　だって自分の曲なのに、なんか知らないとか言ったりすることあるから。
井上・小林　♪（井上さんは歌いながら、小林さんはハモりながら）僕のセーターは〜。
井上　あれ、なんだっけ？　♪とても大きくて〜、か。
小林　なんか絞れないから絞ってくれみたいな。
井上　そうそうそう。
小林　そうそう、洗濯して絞れない。私が絞れないから、絞ってほしいみたいな。いい歌なんですよ。
井上　そういうのがあるんですよ。
小林　そんな人と付き合ってたのかなみたいなね。あとなんか、お花を飾ってどうしたとか、そんな歌もありましたよね。かわいらしいんですよ、あのへんの歌が。こんな時代もあったのかみたいなね。
井上　そうなんですよ。だからあんまりにずいぶん昔の、割合シンプルな曲だから、もう僕としては忘れ去ってるみたいなところがあったんですけど。聡美さんがピックアップしてくれて、自分でも歌うようになって。こういう年齢で歌うと、Too Simple のピュアなので、逆になんか歌いながら、自分でグッと来たりね。
小林　なんかよく泣いたりするらしいんです、歌いながら（笑）。
井上　自分でびっくりしちゃって。人間ってわかんないな〜と思って。
小林　いい歌ですよ。
井上　石原君、たまにはコンサート来てくださいね。
石原　行きます。
井上　泣きますから（笑）。

どんどんどんどん小林聡美を理解する鍵を削られていくわけよね。

井上　この間、博多のホテルでさ、ルームサービス頼んだわけ。ハンバーグか何か。

小林　うん？

井上　一人でね。ハンバーグを頼んだ。若い女性の人がルームサービスで来たわけ。新人っぽい人でね。それなりに小綺麗な人で。で、来て。ワゴンの上にハンバーグと、コーヒーカップがあって。そして、銀のほら、ちっちゃいね冷やしてあるような、ミルクが入ってる。ああいうのが来たんだけど、コーヒーのポットが来てないわけよ。

小林　うん。

井上　忘れてるわけよ、コーヒーのポットを。「ああ、コーヒー来てないね」と言ったら、え？とか言って、ちょっとうろたえてるわけ。コーヒーカップは来てて、ミルクピッチャーはあるわけ（笑）。やっぱ一見怖いから。

小林　（笑）

井上　あれ、コーヒーないねとか。言葉もすでにすごいプレッシャー与えてるわけ。

小林　うん。

井上　え、あれ？　おかしい、って、その女性、ミルクのピッチャーの蓋を開けて、あ、これはミルクか～とか言うわけよ（笑）。

小林　ははは っ（笑）。

井上　笑っちゃった。あ、これはミルクか。

小林　（笑）かわいいよ。そこで笑ったの？　よかったねえ。和んで、いいですね。相当焦ったんだね、その女性。そんなとこまで開けちゃって。こんなちっちゃいやつでしょ。いろんなことがありますね。……喋りすぎたね（笑）。

井上　でもなんか、もっともっと喋りたいね。

小林　（笑）

井上　意外と、意外とそのなんて言うの、なんか、ちゃんとした話をしてないような気がして（笑）。

小林　それは何？　今ってこと、それは？　普段？

井上　この長いお付き合いの中だけど。

小林　ちゃんとした話？

井上　つまり。

小林　どんな話ですか？

井上　なんていうんだろう。暗黙の了解があって、そんなマジ話嫌よね〜っていうところがお互いが、確認したことはないけど、あるんじゃないかなと思って。

小林　どのへんの話？（笑）

井上　いやいや、まあ、だから、最初のね、僕がいろいろアンケートして、それが最初のスタートだったんだけど。

小林　うん。

井上　あれは結構、自分のこう、なんか生きる信条は何かとかさ。

小林　そう。

井上　割合堅い話だったじゃない。

小林　異常に堅かった。

井上　何を信じてるんだとかね。信仰は何か、とか。

小林　そう。

井上　まあ、堅い話だったんです。

小林　そう。

井上　あれでまあ、外されてっていうか。あれ、何て言うの？　外されてじゃない、すかされてじゃない、はぐらかされて、まあ、それがずっと続いてて。要するに、ちゃんとした話をしてないかなと思って。で、なんでしないのかなというと、そういうマジな話ってさ、大人のすることじゃないんじゃないっていうことをお互いにこう、持ってるかなと思って。だから今ちょっと話をしたいなっていうのは、そういうところもね、話もできたらいいなと、ちょっと思いつきで今言ってるんだけど（笑）。

小林　（笑）

井上　なんだか、話はわかったでしょ。

小林　うん。でもなんか。え、なになに？　って掘り下げないとね。

井上　そうそう。これ、簡単なようで難しいんだよ、こういう話って。

小林　でも、なんかまじめな話になると、お互いね、ちょっとシビアになっちゃうから、あんまりしないのかな～みたいな。

井上　それ、なんでだろうね？

小林　ねえ（笑）。

井上　もちろん誰とも、あんまりそんな話は普通しないかもしれないけどね。

小林　そうですよ。

井上　やっぱり限られた時間だと、わあ～とか笑って過ごせればいいなとか思うじゃない。

小林　うん。

井上　まあ、そうだけどね。

小林　ねえ。

井上　でも僕なんかどちらかというと、ときどきそういうマジっぽい話を取材でもしたり、それから曲にのせて語ったりもしないでもないけど、意外とそういう機会ってないんじゃないかなって思って。

小林　うん、そうですね。

井上　どうなんだろうね。そんなことを言ってる人をどう思ってるの？　テレビなんかでときどきそういうこと語る人って、いるじゃない。

小林　いますね。

井上　ああいう人、好感持てるのか、いや、ちょっと苦手なのかとか。まあ、やっぱり人間はいかに生きていくべきかっていうことを語る人。

小林　でも、同じこと言ってもやっぱり人によりますよね。

井上　まあ、そうだね。

小林　うん。そういう人なんかの話は、ものすごいなんか、客観的に見ちゃいますね。ちょっと引いたところで。ああ、この人こういうこと言ってるんだ。

井上　ねえ。だからそういう人たちを小林さんはどう見てるのか興味あるけどね。

小林　まじめに聞きますよ、人の話聞くの好きだから。

井上　楽屋なんかでまじめな話する人もいるでしょ、やっぱり。いやあ、聡美ちゃん、ちょっとこっち来て。どうなの、最近？　とか言ってさ（笑）。

小林　（笑）あんまり。

井上　ない？

小林　あんまりないですね。

井上　そんな俳優さん仲間いない？

小林　うん。いないですね。っていうか、私が本当はそういう話を、「ちょっと、君、君、君」ってしなきゃいけない年齢になってるっていう（笑）。

井上　どうなの、それ？　みたいな。

小林　そうそう。でもね、なんか。結構先輩のほうが若者に気を遣いますよね。こんな話したら煙たがられるんじゃないかとか、なんとか、きっと。若い者は若い者で考えてるんだろうから、上がわざわざ言うことないだろうと思ったり。

井上　でも、そういう文化がね。文化っていうか、考え方があって、それではやっぱり日本はにっちもさっちもいかないっていうのが、昨今のさ。

小林　うん。

井上　文化の状況でもあるしね。やっぱり人間は自由だとか、個人を大事にしなきゃとか、若者の気持ちを尊重してとかいって、やっぱりもう来るとこまで来ちゃったからね。

小林　そこまで来ちゃったのね。

井上　やっぱりうるさい人がそろそろ待ち望まれ

るようなね、ところもあるんでね。

小林 うんうん。

井上 出ようかな〜みたいな（笑）。最近ね。

小林 出ようかなって、どこに出るんですか？

井上 世の中にね。

小林 （笑）世の中にね。

井上 最近、年を重ねたせいか、なんか若い人に対して、昔、若い頃耳にしてたようなことを言うようになるわけよ。

小林 うん。

井上 それなんかやっぱり、絵に描いたようになるんだな〜とかね。

小林 う〜ん、わかるんだね、年取ってくると（笑）。

井上 「ベテラン」になると。

小林 ベテランになるとね（笑）。あのときはこういうことを言ってたみたいなね。

井上 そうそう。

小林 そう、若いうちはわかんないんだよね〜、と思っちゃうとなんかね。

編集 みんなベテランになったら言うようになるんでしょうか。

小林 そうだよね。どうだろう、性格にもよるよね。

編集 小林さんは、もともとあんまり語らない。

小林 そうそうそう。次女気質なんです。

井上 次女気質ね。

小林 次女気質。受け身の人間なんです。なんか主張をあまりしない。

井上 あえて言わないっていう。

小林 ずるいね。

井上 間違いない、そこらへんのポイントはね。次女気質とかさ、いろんなところが背景にあると思うんだけど。これはまあ、それなりに根深いものがあってさ。そう簡単に心の中は覗けないわけだけど。その覗かれないところに、ピカピカのエンターテインメントが配置されてあるわけだから、彼女はね。そう簡単に覗けない。だけど、本当にその心の奥底を覗いて、やっぱりそうだったのか～、ってものがあるのか、本当は何もないのかは、本人にもわかってないかもしれないね。

小林 ああ。

井上 よくわかってるかもしれないし、それはどっちかだね（笑）。どうなのかね。

小林 どう思いますか、先輩は？

井上 意外とね、何もそんなになんかシリアスでもないような気もしてるのね。わからないけどね。

小林 なになになに？

井上 いやいや、心が。

小林 あんまり？

井上 覗いてね、やっぱりこんなに素晴らしい話芸とか、人に対する配慮とか、エンターテインメントをちりばめてるのは、やっぱりこれを隠すためだったんだっていうようなものがあるのかな、ないのかなっていったら。

小林 ないのかもしれない。

井上 ないのかなって俺は思う。

小林 ないんですよ（笑）。

井上 わかんないんだけどさ。

小林 ないない。ないんですよ。

井上 （笑）ねえ。でもね、いろいろあると思うよ、ね。年を重ねると。

小林 そりゃそうですよね。

井上 人が人である以上。

小林 そうですよ。

井上 でも、驚いたみたいなことはないかな（笑）。基本が明るいからね。だからそういうものもね、いちいち聞けばさ、落語なんか夢中になってるのはいいんだけど、まあ、それもあんまり言うのも……みたいなことで、まあ、どちらかというとね、抑え気味で行くじゃない。やっぱそうなってくると、どんどんどんどん小林聡美を理解する鍵っていうのをさ、キーっていうのが削られていくわけよね。

小林　うん。

井上　一般の人にとってはさ、小林聡美ってどういう人なんだろう？　みたいなね。それはなんかわかるような気がして。そのいちいち、もっともだなと思うわけ。むしろなんかそういうの全然オープンな人は、まあ、明るいなとは思うけど、いい人だなとは思うけど、やっぱりちょっと不用意だなって感じはする（笑）。

小林　慎重だからね。慎重なんですよ、先輩。

井上　だから興味深い人でもあるよね。

小林　ふ〜ん。

井上　やっぱり僕ら。まあ、どこまで本当になんか、何て言うの？　あれ何て言うんだっけ？　ノーコメントじゃなくて、あ、オフレコ。どこまでオフレコかわからないんだけど。僕らが経験してないことで小林さんが経験してるってのは、年若くして仕事始めてるみたいなことが結構大きなキーかもね。これ全然どういう世界なのかわからない。どういう影響をね、小林さんに与えるのか、それはわからない。エリザベス・テイラーね、亡くなって。

小林　え？　亡くなったの？　いつ？

井上　震災のあと。一カ月ぐらい前。

小林　知らなかった。

井上　だからさ〜、いろんな人亡くなって、ああ、そうかと思うけど。へえ〜エリザベス・テイラーも死ぬんだって誰かが言ってたけど、わかるような気がして。

小林　うんうん。

井上　なんか、あっ、エリザベス・テイラーも死ぬの？　みたいなね。うん。あの人もちっちゃい頃からずっと活躍してたから、いつまでもいるような。

小林　そうそうそう。秀子さんもね。

井上　高峰さん。

小林　震災の前に亡くなったんだよね。

井上　そうだったね。

小林　そう。

井上　そこらへんはやっぱり、こう、そこらへんを経験してる人しかわからない何かがあるかもね。あると思うよ、それは当然。

小林　でもそれが当たり前できたから、どうなんだろう。

井上　でも言ってもわかんないだろうなっていうのがあるでしょ。我々下々《しもじも》の人に（笑）。

小林　何、下々とか言ってるんですか（笑）。

井上　若くして認められた感じがね。

小林　認められちゃいないですよ。若くして首突っ込んだみたいなね、そういう世界を覗いたみたいなね。そういうのはある。

井上　特別な世界でしょ、大人の世界でもあるからね。

小林　そうそう。

井上　きっと何か、二十歳とか、そこらへんで入ってきたのとはなんか違うような気がする。

小林　いやいや。

井上　プロです。……ねえ。だいたいこういう、喋ってますけど。深刻な話っていうと、だいたいこんな空気になるけどね。

小林　え？　何の空気になる？

井上　こういうシリアスな空気になる。

小林　うん。

井上　こういう空気っていうのをさ、今の時代っていうのはやっぱりあまり歓迎されないケースが多いんじゃないのかね。そんなことない？　つまりあんまり笑い声が起きないとかね、ときどき沈黙があるとか、そういうのって辛いと思う人が多いんじゃないかしら、今の時代ってね。

小林　そうですね。

編集　まあ、その場をやっぱりちょっと楽しく過ごしたほうが。

井上　まあ、そうそう。薄くね、なんか、薄くこう、淡く、あー終わった、終わった……って。

小林　うんうん。

井上　でもなんか、そういうのを積み重ねて、寝る前に、なんか私の時間の過ごし方とか、人生って希薄だな〜とか、なんとか言って（笑）。そういうふうに思うのかもしれない。

小林　希薄ね、そんな思うのかな。思ったらまだましですよね。それさえも思わない。

井上　うん。

小林　うん。先輩、語りましたなあ、今日は。

井上　ちょっと先輩、たばこ吸っていい？

小林　いいですよ。語りすぎた。吸ってください。

小林聡美 × 加瀬亮

浜離宮恩賜庭園〜水上バス〜浅草

梅雨だというのに、とにかく暑い快晴の日。浜離宮から水上バスにて浅草へ、というニッポンの夏を満喫する散歩に行った役者二人。暑い暑いとぼやきながらゆるゆる散歩しつつも、最後は天麩羅を食べながら、「演技」について少し真面目に語りました。

聡美さんと……人に聞かれちゃいけない話はいつもたくさん話すけど。

小林　加瀬君……、加瀬君……（笑）。

加瀬　なんですか？

小林　いやいや、またよれよれのTシャツ着てるなーって（笑）。

加瀬　失礼なー（笑）。

小林　加瀬君、ここは見ておきたい、みたいなポイントは？

加瀬　ちょっと地図見ましょうか。

小林　私ちゃんと予習してきちゃった。

加瀬　予習してきたんですか（笑）。偉いな〜。

小林　（園内マップを見ながら）お花畑の辺りは面白そうだと思うんだけど、でもすごく暑いよね……。加瀬君、そもそも浜離宮は何か知ってる？

加瀬　全然知らないです。

小林　（ガイド口調で）え〜この、浜離宮は〜、以前徳川将軍のお庭でございました。その後、別邸となり、歴代の徳川将軍が景色やいろんなものを楽しみました。そののち……。

加瀬　すごい、（案内板を）読んでない。

小林　そののち、皇室の持ち物となりましたが、戦争で焼けてしまったあと、昭和二十年に東京都のものになり、それ以降は皆さんの憩いの場となったわけです。

加瀬　ありがとうございます（笑）。

編集　すごい。ここ（案内板）に書いてあることと合ってる。

小林　合ってるでしょう？　まあ、そんな感じでね。

加瀬　じゃあ、堪能しますか。

（園内を歩き出す。日傘をさした小林さん）

小林　暑い……。ちょっとー、危険じゃない？　加瀬君なんにも日陰がないのに、帽子もなくって。熱中症になりに行くようなもんだよ。……あー、高いビルがあるから、なんか不思議な景色だね、これ。加瀬君初めて？

加瀬 友達の写真家で、都内の緑とビルが融合してるところが好き、みたいな人がいて、それで一回撮影に来て、あと、新宿御苑とか。

小林 あー、御苑も行ってないな、全然。でも、御苑のほうが公園っぽいじゃない。

加瀬 そうそう。

小林 なんかここは本当に将軍の庭って感じだよね。

加瀬 聡美さんと……人に聞かれちゃいけない話はいつもたくさん話すけど、今日は何を話そうかな（笑）。

小林 何？ 聞かれちゃいけない話って？ 文句とか？

加瀬 そうそう、文句とか、不満とか。基本的に不満キャラだから（笑）。

小林 へりくつキャラとも言う（笑）。

加瀬 あっはははは。……あ、蝶。最近、僕が行ってる歯医者の先生が、ずっと家の中で蝶を育ててるんです。

小林 蝶？ なんで加瀬君の周りって不思議な人が多いの？

加瀬 （笑）不思議じゃないですよ。

小林 でも家の中で蝶を育てるって……。

加瀬 なんか越冬もするとかって言って……。で、飛べなくなって羽がぼろぼろになってからも、こう、薄めたハチミツをずっとあげてると、飛べなくなってからも一カ月くらい生きてるらしいです。

小林 へえー。

加瀬 あと手乗りになるって。

小林 えー、名前つけてるのかな？

加瀬 わかんない。なんか家の中でふ化した蝶は手乗りになるって言ってました。

小林 そうなんだ、すごいね。

加瀬　ちょっといいなーって思いました。
小林　へー、いいねえ。……茶屋はあっちですね。橋を渡りましょう。この池は海水になってるんです。
加瀬　ホント？
小林　そう、海水でね、汐の満ち引きでね、景色が変わるように設計してあるらしい。
加瀬　ここ？　これ（看板）には書いてないですね。
小林　ホント？　いろいろ池があったから、その中の一個かもしれない。……ちょっと自信なくなってきた（笑）。（池を覗いて）なんか、貝殻みたいなのがいっぱいついてるよ。
加瀬　ホントだ。
小林　やっぱり、海水なんじゃないの？
加瀬　ちょっと舐めてみたいですね。だってどう見ても、海水に見えない。
小林　そうだよね……。でも石に貝殻があんなにくっついてる。
加瀬　そうですねー。
小林　なんかアワビみたいな、アワビじゃないけど、くっついてるし。蜆《しじみ》の死骸みたいな（笑）。なにこれー。
加瀬　ほんとだ。
小林　だから海水なんだってば。
加瀬　そうかー。
花鳥風月？　なんかあれ当たってるっていうか。
加瀬　暑い……。（茶屋の入り口でメニューを見て）お、冷抹茶！　冷やし抹茶。
小林　冷やし系、いってみる？
（茶屋に上がって、冷たい抹茶と和菓子のセットを注文する）
小林　あっつー。もういきなり休憩（笑）。
加瀬　暑い……。

小林　日本家屋は涼しいねー。でも、昔の将軍さまは着るものいっぱい着てたから……。

加瀬　あー、時代劇の撮影の時のこと、思い出しました。すごい暑い……。

編集　本格的に中から着るんですか？

加瀬　男はもう、ふんどしから渡されて。

小林　え！　ふんどしから？　映らないところから本格的ー。

加瀬　もうまずふんどし渡されて、まずはふんどしにはき替えてから着せてもらうんです。

小林　じゃあ、ふんどしでやったの？　時代劇。

加瀬　そうそう。

小林　お尻とか痛くならないの？

加瀬　いや、全然快適でしたよ。

小林　自分ですぐつけられるものなの？

加瀬　一応、最初にやり方教えてもらって。

小林　へー、それは男優さんとかいっぱい出てた？

加瀬　いっぱいいました。

小林　同じ年くらいの？

加瀬　いや、ほとんど年配の方ばっかりでしたよ。

小林　みんなふんどしつけて、着物……。

加瀬　でも昼飯だけ面白くて、暑いからみんな上だけ脱いでちょっとシャツとかを羽織って、近くの定食屋とかに行くんですけど、でも頭は羽二重のまんまだから（笑）。すっごいシュールな。

（抹茶と和菓子が届く）

加瀬　美味しい……。俺、小学校の頃、抹茶ばっかり飲んでたんです。

小林　えー、なんで？　だってアメリカでしょ？　日本？

加瀬　日本で、ふるさと村ってとこの近くに住んでて。

小林　それどこ？（笑）

加瀬　横浜の。それで、その中にお茶屋があって、なんか三百八十円とかそんな感じで抹茶と和菓子のセットが出てきて、それでお小遣いもらうと、抹茶……。

小林　ちょっと三百八十円の抹茶を飲んでる小学生って、贅沢じゃない？　ひと月のお小遣い三百八十円とかそういう世界じゃないの？

加瀬　いやいや、違いますよ（笑）。

編集　私五百円とかでした。

小林　そうだよね。でも、あれか、私と加瀬君十歳違うんだっけ。

加瀬　七四年生まれです。

小林　九歳違いか。じゃあ、お小遣いもね……。うん……ほんと、美味しいね、冷やしすぎてなくて。あー、美味しい。

（広い縁側に出て）

小林　（縁側の床板を見て）あ、切り口がちょっと、斜めに。下から風がいいように来るようにじゃない？　ここで涼むために。

加瀬　ほんとだ、この切り口から風が出てる出てる。

小林　ほら座ってみて。多分座った時に人に当たるようになってる。

加瀬　クーラーみたいなこと？

小林　そうそう。

加瀬　そうかも！……全然違ったりして（笑）。

小林　（笑）いや、仮説を立てようよ、二人で。これ、涼しいよ。ほんとほんと涼しい。

加瀬　でもこれそうかも、多分。

小林　そうだよー。

加瀬　さすが、職人。

小林　職人の娘（笑）。

加瀬　この技術は今は、引き継がれてないのかな？

小林　どうだろうね。こういう建物自体ね……。京都の鴨川のお料理屋さんとかどうなんだろうね。こういうところでご飯食べる……。行ったことある？

加瀬　ないですねえ。
小林　こういうふうになってるのかな？
加瀬　そうかもしれない。こういう、細かいことによく気づきますよね。
小林　そうなんだよね（笑）。目が早いっていうか。だから神経が休まらない（笑）。
（茶屋を出て散歩再開）
加瀬　すごい暑さだ……。（看板を見て）あ、ほんとだ。聡美さんが言ってるように海水だ。
小林　ほらー！
加瀬　魚はボラだった。
小林　イエス！　勉強してきた。海の水位を上げたり下げたりして、池の表情が変わるんです。水門を上げたり下げたりして。
加瀬　（あじさいが咲いているのを見て）あじさい、俺、図鑑持ってるんですよ。
小林　え、なんで？　あじさい好きなの？
加瀬　あじさい好き。
小林　へー、意外～。あじさいだけ？
加瀬　だけじゃないですけど。（あじさいを指して）じゃあ、あれはなんの種類のあじさい？
小林　そういうのはわかんないけど……（笑）。
加瀬　えーっ。図鑑見て、いろいろ、あーきれいだなって？　西洋東洋問わず？
小林　西洋……東洋……、あ、でも持ってるのは「日本のあじさい」みたいなやつ。
加瀬　へー、そう。そりゃ風流ですな（笑）。
小林　ははは。いやでもなんでしたっけ、花鳥風月？　なんかあれ当たってるっていうか。
加瀬　当たってるって占いじゃないんだから（笑）。
小林　当たってるっていうか、共感できる。
加瀬　そういうのがどんどんどんどん、年取ると共感できるようになるからねー（笑）。

うちのじいちゃんばあちゃん、幼稚園から一緒だったんです。

（日の出桟橋経由浅草行きの水上バスに乗船）

小林 どこ座ろうか？　上はすごく暑いんだね、陽があたって。景色はいいけど。下は、涼しいけど閉塞感がある（笑）。どっちをとる？

加瀬 じゃあ、とりあえず上で。俺、船に住みたいですね。

小林 えー。なんで？　すごいだって狭いじゃん。

加瀬 わかんない、なんか、あ、でも狭いのは好きです。

小林 へー。

加瀬 あんまり、だだっぴろいよりは。別に水上生活がしたいってわけじゃなくて、山とかでもいいけど。

小林 山に船は……。

加瀬 山に船とかあったらいいじゃないですか。

小林 あっははは。山は山小屋でいいじゃん。

加瀬 山小屋も好きですけど……。

小林 山に船って、そのうち間違ってるなってことに気づくよ（笑）。

加瀬 あははははは。

小林 山は山小屋。フィンランドのトーベ・ヤンソンの島、知ってる？

加瀬 トーベ・ヤンソンの小屋？　知ってますよ。

小林 写真見たことある？

加瀬 あります。

小林 あれいいよねー。私も行ったことあるけど、すっごいなんかよかった。

加瀬 あれすごい、いい大きさですよね。

小林 いいよね。

加瀬 ていうかあの人、あんな小さい島で住んでたんですよね。

小林 夏だけね。

加瀬 何枚か写真で見たことありますよ。花つけてるのとか。
（水上バス出発）

小林　近いね、こっから見るとお台場。

加瀬　うん。

小林　あ、あっちスカイツリー。遠いー。遠いわー。もっと、どーんていうの期待してたけど。

加瀬　聡美さん、東京のどこですか？

小林　葛飾。

編集　スカイツリーの地元。

小林　地元じゃないですよー（笑）。いっしょくたにしないでよ。
（日の出桟橋到着。船が方向を戻して動き出す）

小林　あれ？　また戻るんだ？

編集　そうです。

小林　一回、浜離宮から日の出桟橋に来て、で、こっち側に上るの？　不思議だね。そうなんだ、いろいろ橋をくぐって……、で、最後にスカイツリーが見えるんだ。言問橋《こととい》からすごいよ、スカイツリーの巨大さ。

加瀬　へえー。……、東京も、人によって全然イメージ違うんでしょうね。

小林　そうだね。

加瀬　このへんに住んでる人と、例えば中目黒に住んでる人と、全然感覚違うよね。

小林　そうだよ、だってさー、目黒や世田谷に住んでる人からしたら、歌舞伎町とかに住んでる人って、すっごい信じられない……。錦糸町とか。よくわかんないけど、錦糸町もすごそうだよね（笑）。

加瀬　そうですね。渋谷とかはなしですけどね、こっちとかだったら、まだわかる。あと、意外と、築地の市場の辺りとか。
（前方にビールを飲んでるカップルを発見。華やかな服装とお化粧の女性と地味なサラリーマンふう。なぜか目をひく二人）

加瀬　よくテレビとかでやってるけど、人のデート尾行とか、ちょっと面白い。大人のデートとか、ちょっと見たいですね。

小林 そうだよね。まさにあの二人なんて大人のデートだね。なんでこんな時間にデートしてるんだろうね。

加瀬 会社休んじゃった、みたいなそういうやつですか（笑）。

小林 女の人のほうが年上っぽいよ。あの男の人、意外とおじさんじゃないよ、加瀬君くらいかもしれない。

加瀬 えー、そうですか（笑）。

（下の階に移動）

加瀬 やっぱ、船はドラマがあっていいですね。

小林 ね、ほんと。面白いねー。二人はこれからどうなるんだろうね。

加瀬 まったく似合ってないですからね。（前方に、お互い勝手にガイドブックなど見ているお年寄りのご夫婦を発見して）でも、あの二人は相当長いです。

小林 黙って、言葉も交わさず……。

加瀬 うちのじいちゃんばあちゃん、幼稚園から一緒だったんです。

小林 えー！

加瀬 幼稚園から○○ちゃん、××ちゃんって呼び合って、そこからずっと一緒で、もうおじいちゃん亡くなっちゃったんですけど、ずーっと一緒だった。

小林 でも別に、その間にほかの人とお互い付き合ったりしなかったの？

加瀬 ないない。ずーっと一緒で、しかも、おじいちゃんが消防士だったんですけど、やめたら二人でずっと世界一周みたいなのしてて。定年してから。

小林 すごいんだねー。

加瀬 すごい、びっくり。でも、仲いいんだけど、ああいう（年配のご夫婦）感じ。

小林　ああ、一緒にいるのが普通で……。お互い顔を見ることもない（笑）。すっごいかわいいよ、あの二人。何をあんなに、穴のあくほど見てるのかなあ。二人で、景色も見ないで、すっごい地図ばっかり見てる。

加瀬　真剣。

小林　あちらも奥さんのほうが年上っぽいね。旦那さんのほうが若い。息子？

加瀬　そんなことはない。

小林　息子じゃないか。どうする、きょうだいとかだったら。

加瀬　ああ、きょうだいね（笑）。

小林　おー、スカイツリーが見えてきた。でも、そんなに高く見えないね。「むさし」で六百三十四メートルなんだよね。

加瀬　これ、なんのためにできたんですか？

小林　え、電波でしょ。東京タワーのかわりに電波を飛ばすため。

加瀬　じゃあ、東京タワーはもう……。

小林　うん、お役御免なのかな。だから周りにあいうふうに高層マンションが建てられるようになったんでしょ。

加瀬　あー、そうかそうか。

小林　近すぎて見えなくなっちゃった。

あ、そう、車のこととかやってるんだ。ちゃんと男の子っぽいことやってるんだね。

（浅草に到着。歩いて雷門近くの天麩羅屋さん「三定」に。小林さんは天丼並、加瀬さんは野菜天麩羅とごはんセットを注文）

小林　加瀬君どうですか、最近は。

加瀬　何がですか。あ、調子？

小林　調子。

加瀬　調子悪くないですけどね。

小林　すごい夜、起きてんでしょ、加瀬君。

加瀬　あ、もう夜起きてます。今日も五時ぐらいまで起きてました。
小林　すごーい。で、インターネットばっか見てるんでしょう。
加瀬　いやいや（笑）、昨日は夜中まで友達といて。
小林　あ、そうかそうか。ロイヤルホストだっけ。
加瀬　ロイヤルホストにいて、ロイヤルホスト一時ぐらいに出て……。
小林　それからまたさらに？
加瀬　さらに車とかで話してて（笑）。
小林　何を話すんだろうね、そんなに。新しい映画について、対策？
加瀬　あ、そうそう、それはそうだったんですけど。
小林　もうね、仕事のこと語り出したら止まらない（笑）。
加瀬　いやいや（笑）。でも、最近、男友達といる時は、車とかバイクの話がやっぱり多いです。
小林　バイク？　車？　あ、結局どうなったの、車。前の車、乗ってるの？
加瀬　乗ってて、だけど、ちょっといじんなきゃと思って。
小林　なんでいじんなきゃ？　いじんなくても別にいいじゃん（笑）。
加瀬　（笑）ちょっとこう、ずっと変わってないから。友達とかも最近なんか買って、どういうふうにチューンするかみたいなことをすごいしてる。最近、それでパーツのやりとりとかもいろいろしてますけど（笑）。
小林　へぇ、そんなことやるんだ。なんか男の子っぽいね。映画のことばっかり考えてるのかと思ったら、そういうところがあって安心した（笑）。
加瀬　映画……最近の映画、あんまり見なくなっちゃいましたね。
小林　ねえ、私も。でもね、やっぱり昔の映画は面白い、日本映画。それはやっぱりちょっとね、見るとホッとする。
加瀬　ん、例えば？
小林　高峰秀子さんと成瀬（巳喜男）さんとか、あのぐらいの時代の作品。
加瀬　ああ、それは面白いですね。
小林　うんうん。ちょっとホッとする。あ、そう、車のこととかやってるんだ。ちゃんと男の子っぽいことやってるんだね。
加瀬　友達が走り屋とか……。
小林　何、走り屋って。何、走り屋。暴走族？
加瀬　暴走族じゃないですけど、車飛ばして、峠とか攻めるんです。
小林　……攻める？　バーンと飛ばす？
加瀬　そうそうそう。
小林　それ何のために？　自分の快感？　スリル？
加瀬　スリルじゃないですか？
小林　それ友達とか乗せて？　一人だけ？　自分一人で？
加瀬　一人でも乗せても。僕も隣乗ったことありますけど。
小林　怖いの？
加瀬　すっごい怖いです。
小林　それが楽しいんだ。……バカ（笑）。
加瀬　多分、運転してるほうは面白いけど、隣に乗ったほうはたまんないというか。
小林　そうだよねえ。
加瀬　まあ、そういうやつが多くて、年も同じぐらいなんですけど、また若い頃とは違って、シブいチューンナップのしかたをするというか、わかりにくいというか。
小林　シブいチューンナップねえ。若い頃はきっと、マフラーみたいなものを大きくしてブーンみたいな。
加瀬　そうそうそう。もっと派手だったけど。

小林　大人になったらどのへんを？　ギアの取っ手をプラスチックのドライフラワーが入ったやつに替える（笑）。

加瀬　（笑）何だろう。いや、本当細かいことといっぱいやってますけどね。

小林　そんなのどこで。カタログとか見て自分で見つけて？

加瀬　今はもう旧車とかの場合は、まあ、パーツもネットで買えるけど、なかなか出回ってない部品も多いから、そういう車ごとに会があるんです。

小林　ああ、会がね。それインターネットを通しての？

加瀬　でもあるし、実際に行く時もあるんですけど。そこで、○○のパーツ持ってないかみたいに書いて置いとくと、「俺持ってるから」。

小林　（笑）映画のことばっかり考えてるのかと思ったら、ちゃんとそういう車のパーツとかカスタマイズのこととかもやったりとかしてるっていうんで、ちょっと今、安心した。

別に絶望してるわけでもないし、かといって別に希望もすごい持ってるわけでもない。

編集　加瀬さんは、何年目ですか、お仕事なさって。

加瀬　十年目ぐらいです。付き人の時とか入れると、もっとやってますけど。

小林　うーん、十年か。私はもう、三十年……（笑）。

加瀬　すごい（笑）。

小林　映画は……三十年だね、ちょうど。映画やってから三十年？　私、何やってんだろう。何やってきたんだろう、今まで。ははは……。

加瀬　（笑）

編集　加瀬さんは小林聡美さんという女優さんを、何で認識しました？

小林　加瀬君、テレビとか見なさそうだもんね。
加瀬　うん。でも、あのＣＭは覚えてますよ。あのクルクルほうき回す。
小林　え、何、何？　クルクル何？
加瀬　ほうき？　ほうきじゃなかった？　ほうきじゃないか。
小林　何？　何のＣＭだろう。
加瀬　転ぶやつ、聡美さんが。
小林　ああ。何だっけ、あれ……何だっけね。なんかお皿持ってて、ワーッと転がってたよね。
加瀬　そうそうそう。
小林　何だっけ、あのＣＭ。何、あのＣＭ。
加瀬　とか、ＣＭでわりと……。
小林　あ、そうだね、別にね、「あ、この人知ってる」みたいなね。
加瀬　うん。小林さん、三十年どうですか？
小林　え、この仕事？
加瀬　うん。
小林　まあねえ。でも、結局自分で決めてずっとやってきたしねぇ。
加瀬　うん。だから、別に絶望してるわけでもないし、かといって別に希望もすごい持ってるわけでもないし、ただやるみたいな感じ。
小林　おっと、これ文字になった時にどうなるか？
加瀬　昔の、昔と言ってもそんな前じゃないですけど、なんか……よい悪いとかちょっとわかんないけど、「あ、頑張ってるなあ」って感じがやっぱ……。
小林　え、自分の？
加瀬　うん。
小林　自分の見たりするの？　昔の。
加瀬　この間、友達んちでちょっと見たんです。何年前ぐらい、五年……？
小林　五年前ぐらいの？
加瀬　うん。森崎（東）さんのやつだったんですけど、なんかやっぱりね、何ていうかな、「頑張ってるな」って感じがするんですよ。

小林　だって年齢も三十ちょっと越えたぐらいの頃でしょう？

加瀬　うん。

小林　そしたら、一番頑張る気になる年頃でしょ、三十頃ってね。

加瀬　なんかバランスが悪かったです、見てて。

小林　やる気がものすごい出すぎてた？

加瀬　やる気と、なんかこう……。

小林　できてる感じが（笑）。

加瀬　なんかね（笑）、何かがうまくいってない感じ。

小林　ふーん。私、見ないもんなぁ、まず、昔の作品とか。見ない。あまり見ないよね、自分のね。

加瀬　うん。見てもしょうがないからね（笑）。

小林　そうなんだよね。見てもしょうがないもんね。でも、連ドラとかは見るでしょ、とりあえず。やってる最中は。

加瀬　あ、見ます、見ます。

小林　やってる最中はね。終わったら見ないけどね。

加瀬　終わったら見ないです（笑）。

編集　それはどうして？

小林　もう終わったことだから（笑）。やってる最中は、やっぱり一話とか出来上がってくると、次どうやっていくとかって見るけど、終わっちゃったらもう終わっちゃったから。

加瀬　そうですか。どうなんですかね。なんかでも、見てもしょうがないっていうのがあって。

小林　そうなんだよね。そこの反省をまた次に生かせるかっていうと、そういうわけでもないしね。

加瀬　そういうわけじゃないですよね。職人っぽくいたいんだけど、だけど、やればやるほど何かがすごい磨かれていくかというとなかなか、それもちょっとまだ疑問だから。

小林　そうなんです。
加瀬　ただ、自分からどんどん離れていく……。
小林　ん？　自分からどんどん離れていく？
加瀬　例えば一番最初の頃は、自分の演技、芝居とかで一杯一杯だったのが、なんか……何だろう……見てる先が自分じゃなくて全体になってくるというか、それはちょっと経験を重ねないとできなかったというか。
小林　はぁー。そうだね。そうだね。そんなこと考えてなさそうだけど、私もそういうこと思ってるのよ（笑）。
加瀬　いや、誰も言ってないですよ、そんな（笑）。
加瀬君が違和感あってそこにいるかというとそうでもなくて、馴染んでるように見える。
編集　加瀬さん、小林さんと一番最初にお仕事したのは？
小林　「めがね」。
加瀬　うん。まあでも、その前に「すいか」とか見てましたよ。
小林　え？　一回ぐらいでしょ？　続けて見てた？
加瀬　あれは続けて見た。あれ面白いって聞いてたから。あとは、映画何本か見て。
編集　小林さんに対してとくに「こういう人」という先入観はなかった？
加瀬　ああ、こういう人ってなかったですけど、「めがね」の時はやっぱりまだ、ぎこちなかったですよね。あんまり……。
小林　うん、現場自体の居方もよくわからないって感じだったね。
加瀬　わかんなかったです。
小林　「いいのか、これで」みたいな。
編集　「かもめ食堂」の人たちが大半だったから、

皆さんなんとなく雰囲気わかってる中で、男性で入ったというのはありました?

加瀬　うーん、いわゆるあの世界観はちょっと特別ですけど、でも、あんまり女性の人とより……男とかで遊んでるタイプだから、そういう価値観も世界観も全部よくわかんなかった、最初。どちらかというと映画とかも、血ドバーッじゃないけど(笑)、ダークなものとかも好きだし。だから、最初は全然、この人たち何をやろうとしているのだろうというのは、すごいわかんなかったです。

小林　うん。でも、プロデューサーに言われたんでしょう?「わかんないままやってください」って。

加瀬　そうです。「わかんないままやってください」って言われて、もたいさんも「わかんなくていいから」って言ってくれて。

小林　そう。私は全然そういうなんかね、妹キャラなんで。後輩キャラか、後輩キャラなんで、あんまり先輩ぶっていろいろ何か言ったりしないよね。

加瀬　全然しないです。

小林　ね、全然しなかったです。

加瀬　多分、揉め事があったら、いい距離にいるタイプだと(笑)。

小林　(笑)別に意識して離れてるわけじゃないんだけど、私のいないところで揉め事が起きるの。

加瀬　そういう感じだと思います。

編集　「めがね」「プール」「マザーウォーター」、今度の「東京オアシス」でもう四作目。

加瀬　うん。「マザーウォーター」で初めてちょっと落ち着きました。「プール」もまだ落ち着いてないです。

小林　そうだよねえ、「プール」もねえ……。

編集　観客として映画を見ているだけだと、加瀬さん普通に馴染んでいて、きっと撮影の時も自然に馴染んでるんだろうなと感じます。

小林　あ、現場的に馴染んでるのは全然馴染んでるよ、「めがね」の時から。自分の気持ちの中できっと気持ち悪いだけで。腑に落ちないというか何というか。

加瀬　まあ、いや別に、控室で朝から晩まで、例えばあの食べ物が美味しいとか、みんなずっと朝から晩までそれで盛り上がってたんです。

小林　それ誰の話？

加瀬　いや、女性陣の。みんな多かれ少なかれ、食べ物だったら食べ物とか、洋服がちょっとかわいいとか。

小林　へぇー、それ誰？　私とか入ってないよね。

加瀬　いいえ（笑）。

小林　え？

加瀬　いや、でも、聡美さんも自然にその中にいる、いれるというか。でも、「プール」の時とかほとんど男性……、ああ、ガキがいましたけど……。

小林　ガキ（笑）。

加瀬　でも、ほとんど一人なわけです。で、見てて、すごいなあと思いました。

小林　ふーん。

加瀬　男だったら多分、この感じ、絶対ありえないという。

小林　でも別に、だからといって、加瀬君が違和感あってそこにいるかというとそうでもなくて、傍目《はため》には全然馴染んでるように見える。

加瀬　うん。いや、でも、こういうのあるんだなあというか、ああ、これだったら……なんかね、例えば喫茶店でずっと喋って、お茶とかそういうの好きじゃないですか。ああいうのとか、ああ、なるほどなとけっこうわかったり。あと、この仕事始めてからゲイの友達とかできて、また全然知らない感じとか。それまで本当ただの……体育会系でずっとやってきたから。

編集　なんか体育会系の印象が……。

小林　ないでしょ？　ないないない。
加瀬　もともとはそう。別に自分がものすごい体育会系だったというよりは、そういう中でやってきたから、なんかすごい不思議でしたけど。
小林　へぇー。でも、全然なんかそんな荒々しい雰囲気もなく。
加瀬　でも、僕が始めた頃、けっこう現場とか荒荒しかったですけどね。喧嘩してたり、殴り合ったりしてました。
小林　え、それ「めがね」？
加瀬　いやいや……。仕事を始めた頃。
小林　ああ、うんうんうん。
加瀬　最近、たまに揉め事とかあると、みんなけっこう驚いてるけど、そのほうが普通だった。最近、だからすごい減ってきて、みんなすごい穏やかだなと（笑）。
小林　うん、そう、そうなんだよねえ。
加瀬　でも、今回「東京オアシス」とかもやっぱ読んで、「全然わかんないんですけど」って言ったら、「わかんないままやって」って言われました。

よくいるセンチメンタル親父みたいになってたかもしれないっていう（笑）。

編集　お二人はずっと仲がいいような印象がありますが、いつからこんなふうになったんですか？
加瀬　でも、最近になってからですかね。僕は、あまり年が上の女性の人とかと食事しに行ったりとかお茶しに行ったりとかっていうのもなかったから、だから、最初に「めがね」に入ってあのチームに接したのは、けっこう自分の中では新しい世界というか（笑）。
小林　ショック療法。療法って療法じゃないけど（笑）。だって女の人多かったもんね、スタッフも。
加瀬　うん。あと、あの頃はけっこうよく怒られてて、ボスに。

小林　誰が？　私？　あ、加瀬君が？

加瀬　それがけっこう、その場では面白くないですけど、あとから考えるとけっこう面白くて、それが例えば芝居をやった時に、「加瀬君、芝居が湿っぽいんだよ」とかって、言い方とかそういう感じじゃないですか、現場では。「全然違う。もっと大人の芝居して」とか言って（笑）。

小林　え、アノ人、そんなふうに言うの？　へぇー。

加瀬　そういうのがけっこう……ない。ないというか。

小林　うん、ほかの現場では。

加瀬　うん。そういうのを言ってもらったのがよかったし、そうじゃなかったら、よくいるセンチメンタル親父みたいになってたかもしれないっていう（笑）。

小林　よくいる？（笑）よくいるっていうのがおかしい。よくいるセンチメンタル親父。

加瀬　いや、ほとんどそうですからね。

小林　センチメンタル親父。新しいワードだね、センチメンタル親父。

加瀬　あと、親父の少女趣味とか（笑）、多いですね。一見男っぽい格好をとってるんですけど、全然そんなことないっていう。

小林　そうなんだよねえ。

加瀬　でも、多分、だから、その世界だけで進んでたら……。

小林　センチメンタル親父？

加瀬　なってたんじゃないかっていう（笑）。

小林　たしかに現場の女の人はさっぱりしてるっていうか、ストレートだもんね。

編集　小林さんはそんな女子チームにやってきた加瀬さんをどう見守ってたんですか。

小林　なんかすごい、わからなそうにいるなあと思って。

加瀬　（笑）

小林　すごい真面目にいろいろ悩んでそうだなと思ったけど、きっと私も別に何も言えないし、野生のトラの親の気分で、よくわかんないけど、「自分で頑張れ」みたいな（笑）。見守ってた。そんな感じでした。

ある意味、現実逃避の世界だからね、舞台とかね。

編集　加瀬さん、ちっちゃい頃なりたかった職業って何ですか。

加瀬　俺よく言われるんですけど、本当は、日本に帰ってきて全然友達ができなくて……。

小林　なんでできなかったんだろうね。

加瀬　言葉がまずあまり上手じゃなくて、名前が加瀬だから「火星人」ってあだ名がついちゃって。それでもう……しかも、そんなことに傷つくんですよ。

小林　あははは っ。「火星人」！　今思うと楽しいのにね。面白い。

加瀬　もうこいつらいいやとか思って。

小林　何歳で帰ってきたの？

加瀬　えーとね、小……二？　小一の終わりか小二ぐらいで帰ってきて。で、あと転校も多かったから、それで、友達一人できてもすぐ転校みたいな感じで。それで、動物をとにかく、多分穴を埋めるために。

小林　寂しさの穴を埋めるために。

加瀬　だから、虫もそうだし、いろんな小動物も鳥とかもいっぱい飼ってて。

小林　家で？

加瀬　家で飼って。それで、その延長で普通に「ムツゴロウ王国」で働きたい、と思ってました。

小林　へー。スタッフでね、うんうん。

加瀬　アザラシ担当とか。ああいう感じがいいなと思ってて、獣医の資格取ってみたいな感じ。

小林　へぇー。え、それ獣医のあれっていうのは、具体的に子供の時に思ったの？　獣医の資格みたいなやつ。

加瀬　獣医の資格を持っていて王国のスタッフで、そういうの説明が入るんですよ、見てると。

小林　小学生ぐらいの時から「獣医か」みたいな？

加瀬　そうそう。だけど、それを言うとバカにされるのがわかるから、あまり言わずに。それで図鑑とかもいっぱい持ってた。今も持ってますけど。動物に関わる、今でも鳥類学者とかそういうの好きですけどね。

小林　でも、かわいがってるってイメージあまりないよね、加瀬君。動物を。

加瀬　うん。今は飼ってないです、何も。

小林　ていうか、動物をかわいがりそうな感じがしないよね。

加瀬　おお。

小林　いやいや、それはなんか動物とか、なんか本当にこう、いろんなサンプルとして興味があるみたいな、そういう雰囲気がするけど。

加瀬　ああ、うん。多分、一匹をずっとかわいがってるとか、そういうタイプじゃない。

小林　ね、そういう感じじゃないよね。「あ、こういう種類もいるんだ。あ、こういう柄なんだ」とか、そういう視点で興味が。本当に学者って感じ。そんな感じがする。

加瀬　それはでも、そうかもしれない。

小林　ふーん、ムツゴロウか。それで、なんで俳優になっちゃったんだろうね。

加瀬　なんでだろう。間違っちゃった。

小林　間違ってはないよ（笑）。

加瀬　（笑）でも、学生時代はボードセイリングを一生懸命やってて、ニュージーランドとか行って海外の選手とかとちょっと走ったりして、……そのインストラクターのバイトもしてて……。

小林　へぇ、すごいね。

加瀬　すごい楽しかったから、なんとなく、これで食べていけるのかなって思ったんです。けっこう部活の人は何人か思ってたと思うんですけど、プロというのもありなのかなって。で、そんな海外の選手を目《ま》の当たりにした時に、絶対無理だわと思って。

小林　レベルが違う。

加瀬　うん、全然。僕なんか乗れないんですよ、全然。風が強すぎて、僕とか体重軽いから、ふっ飛んじゃうんです。余裕で乗ってる人たちとかを見て、ああ、全然ダメだって。で、そこからやりたいことなくなっちゃったんです。そういう時、たまたま見たから。

小林　ああ、映画見て、「浅野（忠信）さんっていいな」みたいな。

加瀬　その時見たのは、舞台だったんです。

小林　あ、そうか、言ってたね、舞台から入ったって。

加瀬　うん。それで多分、なんか血迷っちゃったんだと思うんです（笑）。

小林　ある意味、現実逃避の世界だからね、舞台とかね。でも、それでもう十年以上。

加瀬　うん。あまりうまくいかなかったから続けてるのかもしれないですけど。あと就職活動の時期に、みんなそれまではもうしっちゃかめっちゃかな生活をしてたわけですよ、海を中心とした。レゲエなんか聞いちゃって。なのに、みんなサーッと普通に就職してったんです。僕はね、それもすごい……。

小林　「なんだよ」みたいな？

加瀬　「なんだよ」っていう感じはすごいしましたね。キャプテンだったんで……。

小林　へぇー、キャプテン。

加瀬　キャプテンだった。で、みんなのほうが多分ちゃんと考えてて冷静だっただけなんですけど

（笑）。

小林　熱すぎたんだ、一人（笑）。熱い男。

加瀬　なんか……なんかね、そんな簡単に切り替えられるんだっていうのがすごいありました（笑）。で、僕とあと一人だけそういうダメなやつがいて、ずーっとプラプラしてました。

小林　就職活動せずに。

加瀬　ま、しましたけど、一応。でも、途中から僕は舞台見て、ちょっとそっちやってみようかなと。

小林　舞台かあ。

加瀬　舞台（笑）。もう今では絶対いやだけど。でも、最初は音響だったんです。

小林　へぇー。

加瀬　音響やらされて。

小林　でも、それって特別な技術とか要らないの？　放送係みたいな感じ？

加瀬　一応教えてくれる人はいましたけど。

小林　そんなに複雑じゃないの？

加瀬　うーん、ま、そうですね。そんなに複雑じゃなかった。まあ、舞台だから本番に合わせて……。

小林　そうだよね。見てね、ここでこういう。

加瀬　そのタイム計る、あれがもうすっごい緊張する。俳優とか、きっかけとか忘れたりしたら……。

小林　（笑）そうかそうかそうか。俳優さんの台詞《せりふ》がきっかけで、ここでこの音を入れるのに、その台詞言わなかったりとか。

加瀬　そう。どこでじゃあ入れるんだと（笑）。

小林　（笑）私、舞台で、ワイングラスが割れて、パリーンという音がするところで、ちゃんと割れないことがあってね、それなのにちゃんとパリーンとか音入れてくれたりとかしたりなんかする。

加瀬　初めての音響なのにミュージカルだったんです。

小林　（断固）それはありえないね。どういうミュージカル？　どこのミュージカル？　自分の入ってる？

加瀬　いや、何だろう、最初は毎年学生たちが集まって作るミュージカルみたいなやつで、ほとんど曲がポリスか何かだったんですけど。それで歌ってるのとか聞いて、それこそガラスの割れる音とかも二百種類とか聞いて、演出家に「これ」とか言ったら「全然ダメ」とか言われて、また二百回ぐらいパリン、パリン、ポリンとかずっと聞いてて（笑）。

小林　へぇ。そういうのサンプルがあるの？

加瀬　いろんなとこから拾ってきて。気が狂いそうだとか思ってて（笑）。

小林　えー、すごい。しかし、そういういろんな仕事があるってことなんですよね。その道のプロだと思ってるから、できて当たり前と思うけど、陰ではそういうことをしてるんだなと。

私、本当に子供の頃から写真とか撮られるのすごい恥ずかしくて。

小林　で、加瀬君は、音響の仕事もやり。

加瀬　うん。やり、そのあと……そのあと何やったっけ。それで演出家が……あ、オーディションみたいなのがあって、もうちょっとスタッフは……と思ってオーディションを受けて。

小林　俳優の？

加瀬　俳優の。初演出する人がいて、それ受けたら受かって、で、初舞台やってボロボロで（笑）。

小林　（笑）え、それ舞台出るためのトレーニングみたいなのとかはするの？

加瀬　あ、しましたよ。

小林　決まってから？

加瀬　うん、決まってから集中的にやりましたね。それで大失敗し、みんなから「絶対やめとけ」みたいな、「俳優向いてない」って言われて。

小林　えー、本当。
加瀬　「才能ない」とかすごいバカにされて、そこからちょっと火がつきましたね。
小林　クソーみたいな。
加瀬　うん。「こいつら、どんな権利があってそんなこと言ってんだ」と思って（笑）。みんな口悪いから、僕の友達。僕と一緒で。
小林　あ、それは俳優じゃない友達から言われたの？
加瀬　全然俳優じゃないです。口悪いからもうすっごいバカにされて、そこからちょっと、やってみようかなと思いました。だけど、面白かったのが、教わってる時も、まあ、いい悪いをやっぱりすごい言われるわけです。
小林　うん、友達からね。
加瀬　いや、先生からとかも。みんな一人一人前に出されて、いいとか悪いとか言われたり。
小林　へぇー、前に出されて？
加瀬　うん。で、実際にシーンを演じたりして、いい悪いとか言われるわけです。
小林　俳優のトレーニングとして。
加瀬　トレーニング。だけど、まずそれがちょっとハテナだった。たしかに言われるとものすごい落ち込むんですけど、ダメだとか言われると。でも、しばらくするとそれに耐えられるようになっていって普通に見てると、はたしていいって言ってるやつとかほんとにいいかなあみたいな感じになって。あいつのほうがよっぽどいいんじゃないかなとか。そこからけっこういろんなことから解放されて、みんな先生に褒められたいとか認められたいっていうのがすごいから、なんか……そこから、そうかなあみたいな、ちょっと生意気な態度に変わっていきました。
小林　ふーん。今の加瀬君に近い（笑）。
加瀬　それで、付き人の時も、最初、現場に行って、タバコ吸いながらしゃがんでスタッフと喋りながら見てて。ありえないんですよ、付き人としては。

小林　うん、ありえないね。

加瀬　で、初めていろんなプロの役者さんとか、今までテレビで見たことあるような人たちが来て、「別に上手じゃねえな」とか普通に思って、ブツブツ言ってたんです。そしたら、社長とかにポーンとか殴られたりして。

小林　そりゃ殴られるよね。

加瀬　で、そこでまた一度目が覚め（笑）。

小林　（笑）でも、基本的に生意気キャラってのがおかしいね。「なんだよ、別によ」みたいな。

加瀬　そこで殴られて命令されたのが、誰とも口利いちゃいけない、ずっと立ってろって言われた。で、最初は「何なんだよ」とか思ったんだけど、現場の隅でずっと立って、誰とも、まあ、話しかけられたら「はい」とか言いますけど、自分からは話しかけないで立ってると、すごい全部見えてくるんです。スタッフも含めて誰が何やってるかとか、どういう態度とか全部見えてきて、初めて自分がいかに間違ってたかがすごい見えてきて、ああ、俺、一番下のくせして……（笑）。

小林　わかった気になっちゃって、と。

加瀬　しかも、座ってタバコとか吸っちゃってみたいな。これはいかんわってなって、そこからすごい変わった。

小林　へぇー。じゃ、社長がいなかったら今の加瀬君は。

加瀬　まあ、そうですね。だから、あれ最初でちょっと認められちゃってたら大変でしたよ。

小林　本当だね（笑）。じゃ、大人にいろいろとガツンとされながら。

加瀬　そう。

小林　へぇー。

編集　急に基本的なことを聞きますけど、演技というのはどうやって勉強していくんですか。

小林　勉強ねえ。

加瀬　どこかで勉強したわけじゃない。

小林　私、でもね、最初、養成所ってとこ入ってたよ、中学校の時。某学園ドラマに出るちょっと一年ぐらい前に入って、養成所に。演技っぽいエチュードやらされたりとか。でも、年齢とかバラバラなのよ。青年部とかナントカ部とかなくて、上は二十いくつから下は十三歳の私までみたいな、すごいグチャグチャだったけど、でも、その時の人たちとかやっぱりすごいみんな大人だったから、私が一番下だったから、その人たちと一緒にいるのは面白かったけどね。それ演技とかいう意味じゃなくて、世の中にこんな人たちがいるんだなっていう。

編集　やっぱり見て観察というか、それが最初。

小林　うん、そうだね。

編集　それで「転校生」。

小林　そうでしたなぁ。

編集　でも、あんなにみんなに認められて、自分としてはどうだったんですか。演じるってこと、十何歳で。

小林　別に全然考えなかった。ただ、人前でやるっていうことがやっぱり……もう忘れちゃったけど、やっぱり、最初は恥ずかしいのかなあ。恥ずかしいのかな。どうなんだろうね。忘れちゃった。いや、恥ずかしいよ、今も。でも、違った恥ずかしさなのかな。

加瀬　聡美さんの最初の頃、そういう恥ずかしいとかあまり感じなかったような気がする。

小林　そーお？

加瀬　なんかね、もっと違うスイッチなんですよ、なんか。

小林　うーん、わかる。なんかね、みんなと同じとこいたくないみたいなね、そういう。

加瀬　なんか照れが一回転してて……。

小林　そうそうそう、あ、照れよ。照れ、照れ。

加瀬　照れが一回転して、すごい違うエネルギーになってるという感じ（笑）。

小林　そうそうそう、照れだね。照れ、照れ。私、本当に子供の頃から写真とか撮られるのすごい恥ずかしくて。

編集　で、変な顔してしまう。

小林　そう。もう、いつもね。

加瀬　ああ、そうそうそう。恥ずかしくて、例えばこうなっちゃう（うつむく）のが普通じゃないですか。それが多分一周して変になってるのが面白いんです（笑）。

小林　（笑）そうそう、それだね。照れだね。原点は照れ。じゃ、なんでやってるんだってことだよね。不思議だよね。

加瀬　僕のクラスとかでも、なんか……鼻からすごい毛が出てる子がいて。

小林　鼻からナニ？

加瀬　（笑）毛が出てる子がいて、注意したら真っ赤になるかと思いきや、思いっきり変な顔するやつとかがいて（笑）。多分そんな感じの。

小林　（笑）そうだね。そうだね。やけくそっていうかね。

加瀬　そうそう（笑）。

小林　やけくそっていうのに近いね。基本やけくそ、やけくそ。

加瀬　いや、だから、逆に最初会った時に、「めがね」のプロデューサーもそうですけど、恥ずかしいっていう意識が、ま、照れくさいとかでもいいんですけど、すごい強いんだなっていうふうに思いました。それがしかも不思議な形になっているというか（笑）。だから、多分、あまり人がパッと見た時に、そうは思われないんだろうなって思って、それが逆にちょっと面白いとは思いましたけど。

小林　うん、そうだよね、きっとね。

加瀬　僕はでも多分、普通に「恥ずかしい」でこっちで終わっちゃうタイプです。それ以上追いつめられると噛みつくタイプ（笑）。

小林　噛みつきだ（笑）。一回転じゃなくて、そのままバッと。

加瀬　一回転じゃなくて、うん。

編集　でも、やっぱり照れて恥ずかしいという感覚は……。

加瀬　ありますね。それで面白スイッチが入るかダークスイッチが入るかみたいな違いが多分あるんだと思うんですけど。

小林　（笑）面白スイッチ。やけくそスイッチ。やけくそなんですよ、本当に。

昔の映画の成瀬巳喜男さんとか、本当面白いもんね。

編集　加瀬さんは作り手に回りたいとは思わないんですか。

小林　加瀬君、向いてると思うんだけどね。

加瀬　僕、人の現場行ってモニターの前でブツブツ言ってるのが一番好きです（笑）。自分の関係ないシーンとかで、「違うんじゃないかな」とか言ってるのが一番好きで、別にあまりやりたいと思わないです（笑）。

小林　でも、話とか聞いてると、すごいそういう全体的なこととかも誰より見てるし。「監督とかどうですか」って今まででも言われたこととか、いろいろあるんだろうなとか思うけど、やらないの？

加瀬　大体逃げてますね。

小林　なんで？　大変？

加瀬　大変。

小林　大変ねえ。それでまたこの性格だからね、やり出したらまたね。

加瀬　はい、凝っちゃうから。撮影スタッフは七人ぐらいが限界だと思います。

小林　そうだね、そうだね。七人ぐらいのやつだったらいいね。でも、ちょっと視覚で、さっき道端でしゃがんでた人の感じとか、ちょっと面白いなっていうのを、その時はいいなと思っても、それをつなげてどういうふうに話にするかとか、そういうの考えると、できたらいいなと思うけど、現実的に難しいなと思って、尻つぼみになって悲しいよね。こういうのみんなに面白いと思ってもらえるような映画とかにできたらいいなと思うけど、自分は書き手でもないし、監督でもないし。でも、何か誰かやってくれればいいなとか思うけど、いないよねえ。

加瀬　ま、そうですね。映画はなかなか一人じゃ立ち上がらないですしね。

小林　そうなんだよねえ。

加瀬　なんか最近、一人の人が書いて一人の人が撮るとかっていうの、もちろんそれはそれですごい面白いですけど、もっとこう簡単に言うと、三、四人で話し合いながら書いて、別に二人で撮るとかでも全然いいと思う。

小林　そうだよね。昔の映画だってそうやって書いたりとかしてるもんね。三人とか二人とかね。

加瀬　そうですね。面白い面白くないの前に、一人が書いたことに固執しちゃうから、あんまり広がんないというか。

小林　そうだよね。そうそう、やっぱり視点がすごく個人的なところで終わっちゃうという。

加瀬　そうそうそう。

小林　いやあ、もう本当にね、また、昔の映画の成瀬巳喜男さんとかの話になるけど、本当面白いもんね。

加瀬　うん。昔の監督ってやっぱり助監督さんとかにも、ある意味、無理難題言って、「ここのアイデアどうすんだ」とか、「何かいいアイデア出るまで言え」とか……。

小林　ああ、周りの人のアイデアを。

加瀬　どんどんどんどん追求する。昔の監督さんとかとやると、そういう「何かないのか！」とか、芝居とかも「同じこと二度やんなくていい。どんどん違うものを見せてくれ」と言って。同じことやると、「それさっきやった」って。

小林　へぇー。

加瀬　そういうのとかで、どんどんどんどんその場でとか、脚本も多分そういうのを経てできてきてるし。

小林　そうか。だから面白いんだねえ。

加瀬　けっこう面白い。

小林　だって今、カット割りとかもね、ちゃんと最初から決まって、そのとおり撮るためにつないでるみたいなとこあるからさ。

加瀬　僕、あと森崎東監督とか大好きなんですけど、いつも助監督さんとか役者さんとかにそうやって振って、しかも、自分で見て聞いたことを言わないとダメなんです。本とかに載ってたとか、ネットで調べて載ってたとかだと、「そんな情報要らない」って。何か言うと、「それ自分で見たのか」「自分で聞いたのか」ということをすごい言われて、摩訶不思議な話でも自分で聞いたんだったらありなわけです。その信用のしかたがすごいけっこう面白くて、それがだから荒唐無稽な話なんだけど、なんか不思議なリアリティを生んでるのは、けっこうどのエピソードも、ある人が自分の目で見たものとか聞いたことあるものが並んでるからだとか。

小林　宮崎駿さんとかもアニメーターの人に絵描かせる時に、「資料を見ないで、自分で想像して描け」っていうふうに言うらしいもんね。写すんじゃなくて、見たそのイメージを形にさせるみたいな。そのほうが現実よりもスケールがはみ出て、ちょっと不思議な感じ。

加瀬　たしかに。

けっこう中身が激しい人なのかね、加瀬君は。

編集 どうしますか、これから。

小林 どうしますか。まあ、散歩のできる老人になりたいです。今日の遊覧船に乗ってたみたいな。

編集 それはゆくゆくはなるでしょう。

小林 (笑)なりますよ。なってやりますよ。

編集 でも、その前にまだやることがいろいろ。

小林 そうだよねえ。あるのかなあ……(笑)。どうする、加瀬君。加瀬君は、まだまだ。

加瀬 まだまだ何ですか。

小林 私、岸田森さんとかみたいになってほしいなあ、加瀬君。

加瀬 ああ。

小林 なんかああいう、ちょっといやらしいー感じの、いやらしいー感じの、なんかちょっとキモーい感じの……。

加瀬 岸田森さん、いいじゃないですか。

小林 いいよね。

加瀬 気持ち悪い役、大好きですし、得意なはずなんですけど、むしろ。大体よい青年とかか弱い青年とか、気持ちの動きが違いすぎて、すごい時間かかる。

小林 (笑)なんか爽やかないい青年ってイメージがね、きっと多分あるから。

加瀬 台本読んでも、なんでこいつはここで怒らないんだろうってすごい思う(笑)。

編集 とくに小林さんのチームの時は控えめな青年のイメージが多いから。

小林 そうそうそう、プロデューサーの希望が(笑)。

加瀬 すごい優しい考え方か我慢強い考え方をする役が大体多いんですけど、ものすごい、だから、理解するのにすごい時間かかるんです。「えー?」みたいな(笑)。

編集　最終的にどうやってその役になるわけですか。

加瀬　最終的に、自分がすごい違和感を感じたところが多分入り口だなと思ってて、「この違和感が、だから、普通になればいいんでしょ？」というふうに考えていきます（笑）。そうじゃないと、いやーな表情でやることになっちゃいますから（笑）。

小林　（笑）

編集　じゃ、気持ち悪いほうが得意だなと。

加瀬　得意だなというか自然にできます。

小林　ふーん。

加瀬　やっぱり、やっぱりこう、何だろう……。だって、ある程度普段みんな我慢して、人当たりもよく生きてるわけで、それが変な役だったら怒鳴ってもいいし、別に暴力振るってもいいし、全然やっぱり楽しいじゃないですか、そっちのほうが。

小林　へぇー。じゃ、けっこう中身が激しい人なのかね、加瀬君は。

加瀬　うーん。でも、多分……。

小林　ねえ。私とか怒鳴ったりとか全然したくないもんね。

加瀬　ああ。でも、怒鳴ったりとかは疲れますけど。怒ってるのはやっぱり疲れるじゃないですか。怒る芝居をずっと、「SPEC」とかそうなんですけど、あれ疲れるんです、すごく。

小林　青筋っていうか、筋立ってるもんね、いつも。

加瀬　そうそう。一番いいのは、だから、ブツブツ文句言ってるような（笑）。すごい得意な、得意というか自然に。

編集　小林さん、そういうキレる役とかない。

小林　ないよね。

加瀬　そういうのちょっと、昼ドラのヒステリーな感じでやってほしい（笑）。やったらきっとすごい……面白い。
小林　それ笑っちゃうって意味の「面白い」？（笑）
加瀬　（笑）なんか一度は見たい。涙ものすごい浮かべて「アーッ」てやってる感じの（笑）。
小林　ないよねえ。
編集　加瀬さんだって苦手な気弱な青年を頑張って演じてるわけだから。
加瀬　そうですよ。
小林　でも、反対をやるってことでしょ、そしたら。激しい女。
加瀬　「私はあなたの何なのよっ！」
小林　（笑）遊覧船で「いい加減にしてよ！」。
加瀬　そういうのちょっと見てみたい。
小林　そうだねえ。これからはちょっと、じゃあ、自分と逆な。
加瀬　人を殺して、血がバーッて出て（笑）。
小林　いいねえ（笑）。

加瀬　で、最後後悔して泣いてるとか（笑）。
小林　自分も川に飛び込むみたいな。……激しいねえ（笑）。
編集　では、大体時間もよろしいようで。
加瀬　タイトル「人生やけくそ」（笑）。
小林　「やけくそ役者人生三十年」。
加瀬　もう一枚写真撮っとかないと。
小林　やけくその写真（笑）。

小林聡美 × 飯島奈美

増上寺

〜

ザ・プリンス
パークタワー東京
ボウリングサロン

東京を大型台風が直撃した翌日、増上寺散歩とボウリングを楽しんだ二人。大人の運動や趣味のこと、ずっと続けてきた仕事やおふくろの味について……気の置けない仲だからこその、硬軟混ざった話題で盛り上がりました。

観光名所になってるところは徳川系？
徳川すごいね、改めて。

小林　今日はボウリングですよ。どうですか、奈美さん。

飯島　私、ボウリングの血筋ですよ。うちのお父さんが大好きなんで、実家に帰ると「ボウリングに行こう」みたいな。うちのお母さんも、２００くらい出すんです。よーし、勝負魂を、めらめらと。私、負けず嫌いなんです。

小林　えー、奈美ちゃん、怖いよ（笑）。まずは増上寺……行きましょうか。初めて来たから、下から見上げる東京タワーの気配だけで、気分が上がってます。

飯島　増上寺、私も初めてです。

（小林さん、鐘楼堂の大きな鐘を見つけて）

小林　私、この鐘が気になるんですけど、鐘。

飯島　撞《つ》いちゃっていいんですかね？

小林　いけないんでしょうね、多分。立ち入り禁止になってるから。

飯島　ここ、咲いたらきれいでしょうね、桜。

小林　そうだね、だって桜が咲いて増上寺があって、東京タワーが見えるって、これ大変なことに。

飯島　デートコースに、みんな。

小林　デートコース？　ここ？　増上寺？（笑）

飯島　東京って結構こういう縁ありますよね。

小林　そうだね。

飯島　田舎の人がびっくりする。東京って結構縁多いんですね、って。

小林　（説明書きをナナメに読む）「鐘の音は時をつげるだけではなく、煩悩を浄化し、人々の心を深い安らぎへと誘います。江戸時代の川柳に、今鳴るは　芝か上野か　浅草か」……ふーん、芝の増上寺、上野寛永寺、浅草浅草寺……。「江戸七分　ほどは聞こえる　芝の鐘」……どういう意味かな。「西国の　はてまで響く　芝の鐘」……ふーん「江戸の庶民に親しまれてきました」だって。落語でもね、あの「芝浜」で、おかみさんが旦那さんを起こすんだけど、いつもの鐘より一つ早く起こして、そのおかげでお金を拾うって噺《はなし》があって。

飯島　へー、その鐘が？

小林　そう、この芝の鐘なんですよー。多分！（かなり盛り上がっている）鳴らしたいなー。

編集　どうぞ、ゲリラ的に。

小林　（笑）取材ただちに中止になっちゃうよ。

飯島　（足下に落ちている枝を見て）昨日の台風でこんなに……。

小林　でもこれでも大分掃除したんじゃない？　こんなんじゃ済まないでしょう。……、なんかいろんなところにいろんなお歌がある。気になる。「月かげの　いさらぬ里は　なんとかれども……」達筆すぎて読めない（笑）。「なんとかの人の……」（笑）。ちょっと読めないね。情けないね。

（法然上人の歌碑　月かげの　いたらぬ里は　なけれども　ながむる人の　こころにぞすむ）

小林　この前は加瀬君と対談したんだけど、それは浜離宮だったんだよね。ここも徳川のお寺で、浜離宮も徳川のお庭で、私、徳川好き？（笑）ていうか、観光名所になってるところは徳川系？　徳川すごいね、改めて。そして、徳川そんなにいっぱい土地持って、力もあるのに、滅びるってのがすごいよね。怖いね。大河だね。

飯島　いい光が差してますね。……やっぱり自然を見るとホッとしますね。

小林　そうだよね。

飯島　血圧とかも、緑を見るといいんですって。

小林　そうなの（笑）。

飯島　こないだ測る機会があって、緑見て、深呼吸して測ったら下がるって。

小林　（笑）でもそれって一時しのぎ、一時的？（大殿を見上げて）へー、初めて来た。おっきいね。

飯島　大きいですね。でもタイのお寺は派手でしたね。

小林　そうそう、派手だねー、そう考えれば。ほんとほんと。……、お賽銭《さいせん》、お邪魔するから払っておこう。小銭……。

飯島　十五円入れる。

小林　そうなの？

飯島　十分にご縁がありますように。

小林　（笑）……でも、全部の種類の硬貨を入れるといいって聞いたけど。

飯島　へー。

小林　あるかなー。あ、五十円だ。「五十倍縁がありますように」

飯島　いいですねー。

小林　あ、お線香じゃなくて、お焼香スタイルだ。

飯島　なんか緊張する。

小林　なんか外国の人で、お葬式の時に、これ食べた人がいるらしいよ。みんなの見てて、なにしてるかよく分からなくて。口の中に入れたって。

飯島　えー。ちょっと笑いそうになっちゃいますよね。

小林　ねー。……、なんかモダンですな。これ（大殿）、新しいでしょう？　門とかは古いけどね。

編集　大殿は、一九七四年に再建されているそうです。

小林　ほんとだね。私たちより年下。あっちは（門）千三百年とか。

編集　一六二二年。三解脱門。「むさぼり、いかり、おろかさを解脱する門」です。

小林　そうなんだ。じゃあ、そこを通った人は、むさぼりといかりとおろかさが……。

飯島　どうなるんですか？

小林　解脱するんだ。なくなる……、ないもんね。むさぼりといかりと……。ないもんね、今。なんか、「鋏《はさみ》なんとか」みたいなのあるよね？　「鋏観音」かな。あ、「はさみ供養」だ。

飯島　あ、鋏を捨てたりする時に……。確かに鋏、どうやって捨てたらいいか分からないですよね。

小林　そうだよね。でも増上寺、私もっと上の方にあるのかと思ってた。

飯島　上の方？

小林　土地が、もっとこう高くなってるのかと思ってた。

飯島　でも、すごい土地の広さですね。

小林　ほんと、徳川……すごい。浜離宮もすごかった。

飯島　固定資産税とかあるんですかね？

小林　（笑）えー？　ないんでしょう。

飯島　羨ましい。あ、おみくじ。結構緊張するんですよ。でも、結構私、いいの引くんですよ。

小林　そうでしょう（笑）。引きましょう。

飯島　高いですね、二百円。

小林　あの、お守りみたいなのが入ってるんじゃない？

飯島　おみくじって、悪いのが出たら結んで置いていくんですよね。いいのだと持って帰っていいんですって。

小林　あ、そうだっけ。でもこれ、みんないいのが入ってるんでしょう？　このお守りみたいなの。そうね、私がこの中で欲しいのは、……欲かくといけないいけど、そうねおたふくか、招き猫か。……、あ、私、小槌。

飯島　あ、これなんだろう。茄子みたいな。

小林　なにそれ？　変なコインみたいな……（説明書きを見る）あ、これか、福銭茄子。福銭の上に和をなす三つの茄子。あ、いいじゃん、食べ物にも関係してるし。

飯島　なす、和と財と大成を……おおー。

小林　最高じゃないー。小槌は……。振れば諸難を払い、財宝を授かります。（激しく振る）

飯島　あ、大吉です。

小林　すごーい、さすが奈美ちゃん。
飯島　私結構大吉なんですよねー。「願い事　首尾よく叶う。しかし油断すれば……」
小林　あ、大吉。
飯島　やったやった。
小林　「することなすこと幸いの種となって心配事なく、嬉しい運ですから、脇目振らずに一心に自分の仕事を大事と励みなさい。少しでもわがままな気を出して、色や酒に溺れるな」（笑）。色は自信な〜い（笑）。奈美ちゃんは？
飯島　「旅立ち　障り無し。病　用心」
小林　最近、旅行する予定ある？
飯島　ないです！
小林　ないんだ（笑）。私、「旅　よし。連れの人に注意！」。
飯島　「相場　買え！」
小林　「恋愛　愛情を信じなさい」えー、「この人よりほかになし」。
飯島　えー。誰ー？
小林　誰だろねー（笑）。「お産　安し、安心せよ」（笑）。
飯島　（小林さんのおみくじを読んで）「縁談　多くて困ることあり。静かに心定めよ」
小林　どうしよう〜（笑）。奈美ちゃんは？
飯島　「急いでは破れる恐れあり。時を待つがよろしい」
小林　「学問　安心して勉学せよ」やったねー。いいやつだから持って帰ろうか。
飯島　はい。でも、なんでナスビってめでたいんですかね？　よくね、「一富士、二鷹、三茄子《なすび》」って言いますけどね。なんか、全然めでたそうじゃないですけどね。（説明書きを見つけて）あ、茄子の花は咲けば必ず実を結ぶことから、「身を成す」って。
小林　あー、身を成すねー。ナス、言葉ね。言霊《ことだま》的なことだ。

飯島　縁起物です。

小林　今日初めて知ったね。

夕方ほんとにすごかったでしょ。真っ白だったでしょ、街の中が、雨で。

小林　（大殿の裏に行く道を見て）……これ上ったらどこ行くの？

飯島　徳川将軍家の墓って書いてあります。

小林　あ、あそこが、門の奥が徳川のお寺で参拝入り口って書いてある。

飯島　へー、入っていいんだ。（紅葉間近のイチョウの樹を見つけ）昨日テレビでやってたんですけど、モミジとカエデの違い見ました？

小林　（笑）見ません。

飯島　モミジとカエデってどう違うかっていうと、モミジって紅葉した葉っぱ全部のこと言うんですって。イチョウでもなんでも。カエデはカエデなんです。

小林　え、じゃあイロハモミジは？　イロハモミジ。

飯島　それはなんか、混同した人がつけちゃったって言ってましたよ。

小林　あっはははは、そんな～。

飯島　だからイチョウもモミジなんですって。

小林　へー。紅葉するのがモミジなんだ。ちょっと高台に行ってみましょうよ。……あ、もうここは、ほぼお墓だね。（そこでまた歌を発見）「桜咲く　日本に生まれ　男かな」うん。うわ、普通にお墓だよ、奈美ちゃん。抜けられるね。お邪魔します。あ、幼稚園に出た。

（うっそうとした緑に囲まれた幼稚園）

飯島　とても都会にある幼稚園とは思えないですね。

小林　でも、窓を見上げると、東京タワーがそびえ立つ。

飯島　東京でも来たことないとこ、結構ありますね。
小林　ねー。
飯島　なんか、気持ちいいですね。
小林　ほんと。昨日だったら大変だよ。
編集　さすがにやめてます。
小林　夕方ほんとにすごかったでしょ。真っ白だったでしょ、街の中が、雨で。
飯島　一瞬、ワイパーをもっと速くしようと思ったら、止まっちゃって、もう何も見えない。
小林　(笑)えー、車運転してたの。ほんと?
飯島　家路を急いでたんです。
カメラ関　車は、囲まれて押されてるんじゃないかってくらい揺れましたよ。
小林　えー。二人とも車の中だったんだ。
飯島　ほんと、ビルとビルの間の風がすごいんですよ。ほんとに信号待ちの時、びっくりして。地震の時以上に揺れたっていうか。
小林　そうなんだ。
カメラ関　ちょっとうかつにしてるとハンドルとられるっていう感じでしたよ。
飯島　そうそう。すごい怖かった。昨日は私も外歩いてたら飛ばされたかな。
小林　あははは。
飯島　ほんとに女の人が電信柱にしがみついてて……。
小林　じゃあもうカサもさせずに。もう、カサさしても無駄でしょう。
カメラ関　カサがいっぱい転がってましたよ。
飯島　そうそうそう。台風が去った後。
小林　ちょっと前に東京に豪雨があったじゃない。冠水しちゃったりした時。あの時、西早稲田歩いてたら、もう、私人生で初めて、これくらい(脛《すね》)まで水がきて、スニーカーでジャバジャバって。
飯島　えー。

小林　それでカサさしても、雨が渦巻いてるから、全然意味なくって、待ち合わせの場所に着いた時は、もうグラビアアイドルみたいに全身びしょぬれ（笑）。カサ、意味ない。

飯島　（笑）すごそう。地下鉄とかに入ってきそうですよね。

小林　でも、昨日は実際止まってたんでしょ、地下鉄。

カメラ関　ツイッター見てたら結構面白かった。「行けるとこまで行きます」って車掌さんが言ったとか。爆笑。

小林　そうか、ツイッターあるから、みんなねー。でもそういうの、電波って関係ないの？　ほら、携帯が通じなくなっちゃったりするみたいだから。

飯島　確かにそうですよね。

カメラ関　回線が電話回線とかじゃないから……。

小林　つながるのかな。そっかー、じゃあツイッターやってる人は災害時、助けられる。

飯島　結構すぐ分かりますよ。この間も横浜線に閉じ込められた時に、「横浜線停車」とか入れたら、ツイッターでどんどん原因とか、場所とかすごい出て来た。

カメラ関　でも電波が通じないとこだとアウトですよね。

飯島　そうですよね。……、あ、お金。百円！　ほら。

（泥だらけの硬貨を拾う）

小林　百円？　ほんと？　汚すぎて分からない。

飯島　ほら、桜のマークがあるじゃないですか。

小林　やったね、奈美ちゃん！

飯島　使えるかな。

小林　使えるよ、洗えば。さすが、いきなり茄子のご利益が（笑）。

飯島　お金拾った、やったー。

小林　でも色が、十円玉の色みたい。これ、洗ったらきれいになるんじゃない？

飯島　私、小銭はよく見つける。小学校の時、家の近所でみんなで野球して、スライディングみたいなのしたんですよ、初めて。で、目を開けたら、小銭が目の前にいっぱい山積みになってたんですよ。

小林　えーーー（笑）。それ、なんで山積みなの？

飯島　分かんない。

小林　おじさん野球で、ポケットに小銭を入れてるおじさんが、ばーっとかやった時に、ちゃらんとか落っこって、そのままプレイに気を取られて。それ以外考えられないよー（笑）。小銭に縁がある女。でも、奈美ちゃんがヘッドスライディングするって、おかしい（笑）。

よし、頑張りましょう。

レベルの低い争いは、避けましょう！

（ザ・プリンス　パークタワー東京に移動して、ボウリングサロンへ）

小林　うわ、ここ？　すごくない？

飯島　セレブー。なんか、いい点数出そうですね。

小林　ほんとだねー。カーテンで（仕切って）。貸し切り。投げるとこだけカーテンで仕切られてるんだ。なるほどね。考えたね。これ。じゃあ、靴選ぼうか。22くらい履いてみようかな。

飯島　ちっちゃいー。

小林　奈美ちゃん、どれくらい？　25とか。

飯島　25。

小林　なんか靴がちっちゃくて弱そうだなー。2・5履いてみよう。どっちかなー。2・5かなあ。きついより緩いほうがいいよね。じゃあ、22・5で。奈美ちゃん一発オッケー？

飯島　大丈夫です。

小林　さすがー。

スタッフ　皆さん靴は右投げ用でよろしいですね。

小林　右投げと左投げ、何が違うんですか？
スタッフ　靴の底を見ていただくと分かるんですが、すべるところとグリップするところとあるんです。
小林　すごいー。
飯島　何が違うんですか？
小林　ほらほら、かたっぽだけゴムになってる。
飯島　わー。ほんとだ。右にすべり止めがあるんですか？
スタッフ　はい。こうやって投げる時に、右は止まって、左はすべるようになってます。
飯島　あー、なるほど。左足はすべっちゃっていいんですか。
スタッフ　いいんです。そうです。左足をすべらせて、右足を蹴り足にする。
飯島　なるほど！
小林　じゃあ、ボールを選びましょうか。ボールを選ぶ基準とかあるんですか？
スタッフ　そうですね、親指がきつくないものを選んでください。重さは、皆さん軽いの選びたいっておっしゃるんですけど、少しでも投げられるようであれば、重たいものを。
小林　へー。重いって、どういう……。
編集　私はいつも9です。
小林　じゃあ私8くらいかな。8とかはどうですか？
スタッフ　それくらいがいいと思います。8、9くらいをお勧めしています。
小林　じゃあ8にしようかな……、重い。結構重い。途中で重かったら7に替えようかな。親指はきつくないです。
スタッフ　ボールによって穴の大きさも変えてます。
小林　緩いな……。緩すぎるとどうとかあるんですか？
スタッフ　緩すぎると落ちないように押さえちゃ

ったりとか。
小林 色が地味だなー。カフェオレ色。9はオレンジ？ 9はどうかな。あ、重い、重い、重い〜！ えー、菊地さん（編集）こんなの投げてるの？ 重っ！ 9重いよ。私すでに、筋が危険なことになってる。6……ちっちゃい。やっぱ8かな。でも重い気がするな〜。……8、重いかな。
飯島 結構重いですよ、私の。
小林 え、奈美ちゃんいくつ？
飯島 12。
小林 え、12⁉ （試す）お、もーい。
（飯島さん8を試そうとして）
飯島 あー、指が入んない。
小林 あはははは。えー、でも12。ずっと続けてると重くなるような気がする。
飯島 大丈夫。ボウリング、最初がダメだとやる気なくなりますよね。
小林 そうだよね。
飯島 せめてスペア取りたい。
小林 いや、ストライク取るぞー。頑張るぞー！ でもすでに私、右の腕の筋が痛いんだけど、これどうなの？ これ。
飯島 私も結構包丁持ってるから、時々、右腕が。
小林 そうだね、腱鞘炎《けんしょうえん》的なね。（スコアボードを見て）……これ、勝手に点数つけてくれるの？
飯島 そうですよ。勝手に……。
小林 すごいね。初めて見た。私ほんといつからやってないんだろうね、ボウリング。
飯島 えー、そんなですか？ これではまっちゃったり……。うーん、なんかこう、闘争心みたいなものが……。もともとトランプとかで負けると悔しい、みたいなのがあるので、なるべく避けて通ってた道なんですけど。
小林 （笑）負けず嫌いなんだ。ちょっと顔つきがいつもと違うもん。
飯島 ついにここで……。本性を見られてしまう時が来た。

小林　（笑）あはははは。おかしー。そうだよね、なんか全然「平気でーす」って感じだもんね、いつもね。面白い。

スタッフ　ファウルっていうのがあるんで、気をつけてください。

小林　ファウル？　あ、踏んじゃったらダメなんだ。なるほどー。

スタッフ　あと、このレーンの中っていうのは油が塗ってあってとてもすべるので、けがしないように気をつけてください。

小林　ふーん、ムーンウォーク的にすべるんだ。

スタッフ　ムーンウォーク以上です。

飯島　いくついったら上手いほうですか？

スタッフ　そうですね、女性の方でしたら、80から100くらいですかね。

飯島　えー、100いかないってことですか？

小林　なんか奈美ちゃん余裕の発言。さっきから。

スタッフ　やってる頻度によりますけど、ものすごく久しぶりでしたら80ぐらいですかね。

編集　目標値を決めましょう。小林さん80？

小林　100！

飯島　100！

小林　（笑）奈美ちゃん顔つきが違う。

スタッフ　100いくということは、確実に一回はマークが付くってことですから。ストライクなりスペアなり。

小林　よし、じゃあ練習。投げますよ。

飯島　よし、頑張りましょう。レベルの低い争いは、避けましょう！

小林　行くわよ。律子さん！（投げる。ガーター）

飯島　練習ですから、練習。

小林　……ちょっと重いかな、ボールが。7も持ってきていいですか？（7で二投目。数本倒れる）

飯島　あ、いいじゃないですか。

小林　やっぱり8は重かった。7にした。

飯島　（投げる）

小林　あ、いいとこいってるよ、奈美ちゃん。

（かなり倒れる）

小林　さすが〜。奈美ちゃんさ、どうってことなく投げていくよねー。よーし、本番行くぞー！

飯島　本番！　めらめらしてきましたよ！

本番終了。スコアは……

小林　1ゲーム目70　2ゲーム目94　アベレージ82　ストライク1回　スペア2回

飯島　1ゲーム目98　2ゲーム目81　アベレージ89　ストライク2回　スペア3回

二人とも、目標に届かず。

私たち、バレー部だもんね。

あの時はバレーしかなかったのかな。

（ホテル内のラウンジに移動して、小林さんトマトソースのパスタ、飯島さんハンバーガーを食べながら）

小林　奈美ちゃん、どうだったボウリング？

飯島　いやー、なんか予想以上に自分の実力のなさにびっくり。

小林　増上寺の門の前では、ボウリング家族みたいな話して、自信満々だったのに（笑）。

飯島　ボウリング上手いんだね、びっくり、みたいな流れになるかなと思ったのに。

小林　あははは。でもお母さんの200ってすごいよね。プロ並み。じゃあ若い頃ずいぶんやってたんだろうね、ボウリング。

飯島　そう、もうボウリングしか逆になかった、みたいな。ていうか、すごいブームだったんですよね。

小林　そうだよね、律子さん。「さわやか律子さん」。じゃあ、奈美ちゃん、家族でちっちゃい頃？

飯島　よく行きました。

小林　へー、そんなしゃれたレジャー全然なかったよ、家族でなんて。

飯島　小林さんはあんまりやらなかったんですね、ボウリング。

小林　うーん、子供の頃は……。あんまりね。

飯島　打ち上げとかでなかったんですか？

小林　打ち上げでは、やらないね。我らの打ち上げはディスコとかそういう時代、ボウリングっていうよりも。ボウリングはロケとか行って、休みの日にやることなくって、みんなでボウリング大会やろう、みたいな感じで。うちね、イトーヨーカドーが近くにあって、そこの上がボウリング場だったんだけど……えー、一番最初にボウリングやったのっていつだろう？　「美しきチャレンジャー」っていうテレビ番組あったよね。

飯島　ボウリングがテーマなんですか？

小林　うん、離れてるピンを魔球でウィウィウィウィ……コーン、コーンって。

飯島　へー、誰が出てるんですか？

小林　誰だったかなー、あの「赤いシリーズ」みたいな感じの、スポ根もの。この「美しきチャレンジャー」見て、ボウリングがはやって。

飯島　スポ根ものは昔よくありましたよね。

小林　やってたやってた。「さわやか律子さん」はなにかのCMソングだったんだよね。

飯島　よく覚えてますねー。

小林　そういうのは覚えてるんですよ。でも、一番最初にボウリングやったのって覚えてないなー。小学生かな、あ、中学生くらいかな。

飯島　遅いですね、結構。

小林　うん、遅いかも。ボウリングのフォームがきれいとかって、さっき言ってくれたけど、あのポーズをするのが恥ずかしくって……。

飯島　さっきあんなに決めてたのに。

小林　そうそう。今は球はへなちょこでもポーズだけは決める（笑）。でも、子供の頃はね……。みんなに見られてるじゃない、投げる姿を。思春期だから、恥ずかしい。
飯島　そうですね、確かに。私なんかもう、速く投げるとコントロール悪くなるんで、じっくり投げる。
小林　そう、奈美ちゃんゆっくりだったね。
飯島　回転する球とか、いいですよね。
小林　まさに「美しきチャレンジャー」が魔球系だった。……あ、そうだ、新藤恵美だ。知らないでしょ、新藤恵美。
飯島　顔がきつい人ですよね。
小林　あはははは！　よく覚えてるね。
飯島　はっきりしてるね、きれいな。
小林　いつだっけ？（携帯で調べる）……昭和四十六年。小学校一、二年の時だ。
飯島　あの頃の、バレーボールのドラマとかね。
小林　そう、「サインはV」とか。好きだったー。私たち、バレー部だもんね。あの時はバレーしかなかったのかな。私たちの時代は。
飯島　ねー、そうですよね。あと、ちょっとテニスもはやってた。でも、なんとなく恥ずかしい感じがしたんですよね。あのピラピラした感じが。
小林　そうそう、パンツみたいなピラピラしたあれ。なんであれ穿かなきゃいけなかったの？　ゴルフみたいなエチケット？　襟があるシャツじゃなきゃいけないみたいな。
飯島　今考えたら、ブルマもどっこいどっこいですよね。
小林　（笑）そうだよね、黒パンだよね、ただのね。
飯島　今はもうみんなジャージですよ。
小林　そうだよね。なんでブルマだったんだろうね。昔のほうがそういうやらしい気持ちがなかったのかな。変な人がいなかったとか……。

飯島　そうそう、懐かしいな、ブルマ。常にブルマ穿いてましたね。スカートの下に。
小林　穿いてた、穿いてた。
飯島　たまにスカートがブルマに入っちゃって、そのまま歩いてたりとか。
小林　（笑）トイレから出た後に、スカートがブルマに挟まってね。今にして思えば、いい時代というかなんというか。
飯島　ねー、それを疑問に思わなかったですもんね。

勝負事とかは、負けてもともとって思うから。

飯島　大人になってできるスポーツって、なんでしょうね？　卓球も楽しかったですよね。
小林　楽しかったよねー、「マザーウォーター」（オール京都ロケで、飯島さんがフードスタイリストをつとめた）の時ね。空き時間にみんなでやった。
飯島　あれは結構汗かきましたよね。
小林　うん、あれも有酸素運動だよね。
飯島　絶対卓球カフェとかいいと思う。中目黒に卓球バーがあって、すごくはやってるんですよね。
小林　そうだよね。でもどうせちゃらちゃらしてる若者が行ってるんでしょ（笑）。
飯島　そう、だからそうじゃなくて。もっと。
小林　もっと健全な！
飯島　そう、もっと健全なところだったらいいですよね。
小林　卓球喫茶とか。
飯島　卓球食堂とか。
小林　卓球食堂、いいね！　卓球またやりたいね。
飯島　バレーってできなくないですか？　なんか、人が揃わない。実力を発揮できなくて、残念。でもボウリングも、いいですね。運動しないとちょっと、って感じですね。

小林　なんかやってる？　最近、運動。
飯島　全然。
小林　私も全然やってない。
飯島　歩かなきゃと思って。
編集　でも、奈美さんは仕事自体が。
飯島　そう、体力勝負。脳だけじゃないです、体も使います。
小林　そうだよね、手順とか、現場の進行状況とか……。イライラとかしない？　今日、意外と奈美ちゃんが負けず嫌いってこと露呈して。私全然そんなふうに思ってなかった。
飯島　子供の時のトランプとか、ほんとにもう、ダメなんです。負けず嫌い。
小林　あはははは！　結構、勝つまでやりたいみたいな？
飯島　そうです。
小林　負けると泣く、みたいな？
飯島　そうです！
小林　いやー。おかしい〜。
飯島　一番嫌なタイプですよね。未だにお正月に姉の子供とかとやって……。
小林　子供とやっても、負けると悔しい？
飯島　いらっとくる。
小林　（笑）ちっちゃい頃から変わんないんだね。面白ーい。私は負けず嫌いなとこあるけど……。なんか……。
飯島　トランプ、そうなりません？
小林　そんななんないよ、トランプ。私、負けず嫌いだけど、勝負事とかは、負けてもともとって思うから。「勝ってやる！」とかない。
飯島　大人だなあ……。「負けてもともと」ってどういうことですか？
小林　まあ、負けることもあるだろうなあ、と思ってやってるから。だから、負けても、悔しいけど、「くそー、もう一回」とかそういうふうにはならないよ。

編集　運動、ジムでトレーニング的なことはどうですか？

飯島　楽しめないよね。トレーニング。

小林　うん、分かる分かる。

飯島　スカッシュとかそういうのは？

小林　スカッシュ……もう体力的にダメだ。あんな速いもの。動体視力も衰えて……。吉永小百合さんがずっとプールの中を泳いでるっていうのを知って、いいのかもしれないなって思ったけど。でも、私水着に着替えて水に入るのがめんどくさい。

飯島　確かに。

小林　やっぱり卓球とかいいんじゃない？　奈美ちゃん。でも、卓球もなんていうの、メンタルが大きいよね。

編集　フラ、踊り系は？

小林　フラはなんとなくお年寄りがやるものって感じが……。

飯島　サルサ……。

小林　いやー、絶対日本人に合わない、サルサは。

飯島　山登り！

小林　あ、山登り、いいねー。

編集　私は時々登ります。

飯島　高尾山登るのもやっとだったんですけど、大丈夫ですかね。

編集　ルートによっては結構きついですよ、高尾山も。

小林　でも、山いいね。

飯島　山小屋ご飯、食べたいですね！

小林　奈美ちゃん、待っててよ、上で。ご飯作って。

飯島　それで、下りる時は、あのモモンガみたいなのあるじゃないですか。あれで、やってみたいな。

小林　あははは。なにそれ？

飯島　ほんとに、こういうスーツですよ（モモンガ風のジェスチャー）。それで飛ぶように下りる。

小林　命がけだね、それは。

飯島　ＡＮＡの機内ショップで見たんですよ。ほんとに崖のぎりぎりとかを飛べるんですよ。

小林　機内ショップで売ってんの⁉　それは怖いよ。でも、山登り、いいね。

編集　私も簡単ですけど、山に登ったら、お湯沸かして、サッポロ一番塩らーめんとか作って食べます。

飯島　あー、いいですねー。それがいいなー。

自然のパワーとかすごいと思いますよ。
今、私、酵素もやってるんですよ。

飯島　趣味……、趣味聞かれた時に、答えられるようにしたいな。

小林　奈美ちゃんなんですか？　趣味。

飯島　山登りです（笑）。

小林　嘘ばっかり（笑）。でも、奈美ちゃん、趣味って仕事でしょ。お休みの日になんかするっていっても。

飯島　そう、仕事と趣味が一緒なんですよ。

小林　仕事に関連することだよね。どっか買い物行っても、仕事のものとか山ほど買い込んでる。

飯島　そうそう、旅行に行っても、どこに行っても。ねえ。小林さん、趣味は？

小林　落語？　でも、趣味っていうのかな。

飯島　やっちゃえばいいんじゃないですか？　自分が。

小林　いやいやいやいや、それはやっぱり見るのがいいんじゃないのかな。でも、できたら面白そうだなとは思うけど……。

飯島　奥が深そうですよね。

小林　あとこれから俳句も趣味になりそうだし（笑）。

飯島　俳句？

小林　俳句の会をね、無理矢理発足したんです。
飯島　すごい。ちょっと詠んでみてください。
小林　（笑）ボウリングだ、ボウリングで一句……。うーん、難しいね。
飯島　発足しちゃったんですね。
小林　発足、もう見切り発車。誰も先生いないのにね。……どうですか、奈美ちゃんも。
飯島　はい、私も。私かなり好きなんですよ。
小林　じゃあ、時々ゲストで来ていただいて。季語も入れないといけないんだよ、川柳じゃないから。
飯島　はい、「みょうがは……」とか。
小林　あ、野菜は大体季語になるからいいね。そうだよね、これからは趣味も充実させていかないと。奈美ちゃん、まだあの学校行ってるの？
飯島　行ってますよ、学校。薬膳の学校。今は気功を習ってます。
小林　薬膳終わって、今、気功？
飯島　そうです。
小林　薬膳から気功に発展？　なぜ？
飯島　なんか、痩せるって聞いて。いいよって。
小林　どんなことやるの？　気功で痩せるって。
飯島　いろいろあるんですよ。森下さん（映画「かもめ食堂」のコーディネーター）にも伝授したんですけど、いろんな動き？　体操があって、結構汗かくんですよ。
小林　それは学校なの？　学ぶの？
飯島　そう、北京中医薬大学っていう、中国の大学の日本校です。上達すれば、電話で相手に気を送れるみたいですよ。
小林　えーっ、そんなに？　それは何年くらい勉強するの？
飯島　とりあえず一年で、もっと行こうと思えばあと二、三年行けるんですよ。
小林　それでそんな能力がみんなつくの？　電話で気を送れるくらいの。

飯島　上達すればつくみたいですよ。多分。ありますよね、電話で送るの。
小林　うん、あるね。電話で、遠隔で……。
飯島　でもほんとに、自然のパワーとかすごいと思いますよ。今、私、酵素もやってるんですよ。
小林　うんうん。
飯島　常在菌《じょうざいきん》っていうのが、こう、体についてるんですよ、みんな。
小林　何菌？
飯島　常在菌。常に在る菌。赤ちゃんの時ってそれがすごく分厚い層なんです。
小林　それは見えないの？　気？
飯島　見えないんです。だけど、こうやって触られた時（腕をふわっと触るジェスチャー）って、何か感じるじゃないですか。
小林　うんうん。
飯島　それが常在菌。
小林　それが今も私たちにあるってことなんだ。それは大人になると少なくなっちゃうの？
飯島　少なくなる。赤ちゃんのほうが守らなきゃいけないから、厚くて、大人になると少なくなって。自分の手で一週間、朝晩野菜を漬けたのをかき混ぜて、自分の常在菌を入れて、発酵させて、それを濾して飲むんですけど、それが酵素。だからいろんな野菜とか果物とか入れると、いろんな酵素が。
小林　それいっぺんにいろんな種類を入れるの？
飯島　入れてもいいですよ。秋だったら、秋のいろんな果物とか野菜を入れて。
小林　へー。それは薄めて飲むの？
飯島　薄めて。
小林　味は？　甘い？
飯島　甘い。お砂糖で漬けるんです。結構楽しいですよ。
小林　私、今年も梅シロップ作ったんだけど、なんか、シュワシュワッとなってるんだけど、それは酵素になってるってこと？
飯島　酵素です、酵素です。
小林　なんにも触ってないいんだよ。でも、どうしてなの？
飯島　でも、世の中には菌がいっぱいいるんで。
小林　腐ってるわけじゃないのかな？
飯島　腐ってるわけじゃない。
小林　私これ、カビったのかな、って思って。
飯島　梅って、刻んでから漬けたんですか？
小林　穴開けて。
飯島　ああ、じゃあ、まさに酵素です。
小林　じゃあいいんだ。
飯島　さらに、手でかき混ぜたりしたら、もっとこう……。
小林　なんか腐りそうだけどね。
飯島　腐らない。
編集　自分の手から出た酵素がいい効果を？
飯島　そう、乳酸菌なんかを。森下さんも今酵素にはまってるんです。
小林　そうそう、奈美ちゃんに教えてもらったって言ってた。
飯島　フィンランドで作った酵素が、すごい美味しかったんですよ。黒蜜みたいな、メープルみたいな味になって。

ボディコンとかも全然着なかったですし、遊びにもほとんど行かなかったし。

小林　奈美ちゃん家でもご飯とか作るの？
飯島　作ります作ります。
小林　家でご飯食べる時間あるの？
飯島　あります。結構、撮影ない日は普通に早いので、昨日も、魚煮たり、肉じゃが作ったり。
編集　仕事でも作り、家でも作り。
飯島　そうですね。普通に全然。つい簡単なものになりますけどね、大根おろしとか。

編集　奈美さんは食事に関することをお母さんに教えられたんですか？
小林　だってお母さん、調理師さんだよね。
飯島　そう、保育園の調理師だったんです。それが、大きいですね、今の仕事に。やっぱり、調理師の資格を持って仕事をしてると、そこそこ給料いいんだな、みたいな。
小林　まずはそこから（笑）。手に職を、みたいな。
飯島　そうそう、手に職。それで、栄養士の資格を取って。
小林　それでフードスタイリストになったのは？
飯島　二十一の時アシスタントになりました。
小林　なぜ？
飯島　専門学校出たんですけど、なんか病院とか学校に（栄養士として）勤める自信がなかった。病院とか学校は、給食の仕事で就職が多いんですよ。でも、病院とかもあんまり行ったことなかったし、学校も勉強するところじゃないですか、行きたくなーい、みたいな。
小林　え、ご飯作るだけなのに？
飯島　なんか、学校の門をくぐって、毎日……、病気もしてないのに病院に行く、とか……。
小林　あはははは。
飯島　それはなんか自信なくて。もうちょっと楽しい感じで料理をしたくて。
小林　そうか、いつも同じ場所に行って、っていうのは……。
飯島　そうです。そういうのはなー、って思っていたら、フードスタイリストというのが、「オレンジページ」や「レタスクラブ」を見たらあって。これ、いいみたいな。何をやるかも分からないのに、急に思い立って。
小林　じゃあ、学校出て、割とすぐに？
飯島　そうなんですよ。結構世の中バブルだったんだけど、全くそういうの関係なく過ごしちゃいました。二十代……。

小林　そうか、そうだよね。我らの時もそうだったよね。そういう時代だ。

飯島　だからもう、ボディコンとかも全然着なかったですし、遊びにもほとんど行かなかったし。

編集　結構修業の日々？

飯島　修業。二十一の時から先生について、それこそCMとかもその頃忙しいじゃないですか。

小林　そうだよ、いっぱいあったよね。

飯島　ずーっと朝まで撮影とか。

小林　偉いねえ。

飯島　だから、結構その時の友達、連絡とかほとんどとれなくて。携帯なかったじゃないですか。今すごい羨ましいですよ。

小林　そうだよね。

飯島　だって、約束できないですよね。また断っちゃうと悪いから。忙しくて、携帯もないと、すっぽかす形になっちゃうし。

小林　私も約束とか友達と全然できなかった。

飯島　今はね、終わったら携帯するね、とか。羨ましいと思う。

小林　そうだね。やっぱ今の若者は甘いね。

飯島　甘いですよ。

小林　だって約束とか、当日の朝に決めたりするよね。場所とか。

飯島　じゃあ着いたら電話するね、みたいなね。覚悟がありましたよね、私たちには。

小林　覚悟ね（笑）。

飯島　そういうね、会えないっていう。

小林　そう、覚悟だよ。それは、仕事に対してもそうだよね。電話でいろいろ言い訳できたりね。まあ、その分なんか、仕事のサイクルが速くなっちゃって、量が多くなって。だって、カメラマンの人も、デジタルとかですぐ送れるから、その分すごく仕事の量が増えちゃって。

編集　フードスタイリストの世界も、仕事のサイクルとか変わりましたか？

飯島　そうですね、最近はやっぱり予算の減少とかもあって、無駄なことは通らなかったりするから、徹夜まではあんまりいかないんですよね。

小林　でも、それでちゃんとできるんだったらいいよね。

飯島　あと、昔は、それこそタレントさんとかも朝まで撮ってるとかあったけど、今は結構、厳しいじゃないですか。何時までとか決まってたりするから。

編集　昔のほうがとことんやった？

小林　そう。どっちがいいんだろうね？

飯島　結局のところ、一発目が一番いいっていうのがあるじゃないですか。

小林　そうそう、こんなにいろいろ用意してるのに、一発で終わっちゃったらなんか楽してる、みたいな。もっと、頑張ってやってる感、みたいなものが……。

飯島　そうそう、だからといって、だらだらやっていいってものじゃないし。やり方はいろいろ変わりますよね。

編集　映画のフードスタイリストとしては、奈美さんがはしり？

飯島　うーん、そんなことはないと思うんですが……、どうなんでしょう。

小林　それまでは美術さんがやってたりね。

編集　ＣＭの仕事から映画の現場に入ってどうでしたか？

飯島　先生が伊丹さんの映画にずっとついていた先生だったので、現場がなんとなく分かってた。

小林　そうそう、それが良かったよね。

編集　ＣＭとは全然違いますか？

飯島　そうですよね。でも私うっかり、ワンシーンをワンカットって勝手に思って、ワンシーンって何個にも切るじゃないですか。だから、ＣＭ感覚で「ここは三回分」とか思ってたら、「そうか、切るのか」って。「かもめ食堂」でフィンランドに行った時、お米が全然思ってたより足りなかった。で、送ってもらったりとかして。

小林　そんなことがあったんだ。

飯島　でも、現地にもイタリア産のあきたこまちがあったんで、それを買って、引きの（シーンの）時とかはそれを握っておにぎりにしたり。

編集　でも、やっぱり日本産のお米でないと？

飯島　そうそう、みんなに食べてもらおうって、百個くらい作った時があったじゃないですか。あれで大分消費しちゃったんです。フィンランドのスタッフがおにぎり食べたことがなかったから、みんなに食べてもらおう、っていって。やっぱり、食べたことがないものを撮るってね、美味しく撮れるか分からないじゃないですか。だから、美味しいっていうふうに思ってもらえて、それから撮りたいなって。

編集　そういう気持ちも共有できるように？

小林　なんでおにぎりに、こんなに寄り（のシーン）があるのかとかね。なんで日本人はおにぎりおにぎりって言ってるのかとかね。

飯島　そうそう。あの時でも、小林さん大変そうでしたよね、映画撮影の直前まで舞台だったから。

小林　よく覚えてるね、奈美ちゃん。

飯島　結構やつれてましたよね。

小林　やつれてたよねー。でね、合気道の型とかもフィンランド行ってから練習してね。

飯島　そうそう。あと、長いフィンランド語。

小林　フィンランド語～！

飯島　今も見ると、あのわら人形のくだりとか、すごいなーと思う。

小林　そうそう、まだ言えるもん、私あのセリフ。終わりのほうだったんだよね、撮影の、だからずーっと。部屋のいろんなところにフィンランド語のセリフを壁に貼っといて。

飯島　最初のほうで終わっちゃえばね。

小林　そうなんだよね。今も言える……。日本語のセリフじゃそんなのないもん。

我慢しすぎないことが大事かな。

我慢しすぎると体壊すからね。

小林　奈美ちゃん何歳で独立したの？

飯島　二十八歳かな。

小林　それからひとりで、今や社長。仕事どう？

飯島　仕事ですか。楽しい、ですね。でも、社長になると、結構払わないといけない税金とかあって、びっくりしますよね。厚生年金とか保険料、大変なんですよ。

小林　そこ？（笑）社長の気質って、イメージ的にわがままとかワンマンとか、同じ意味だけど、なんか気まぐれとか、そういうのがある。でも奈美ちゃん全然そういう感じじゃない。まあ、負けず嫌いっていうのは分かったけど（笑）。

飯島　全然そういうのはない。でも、下の人を鍛えるのが難しい。みっちり鍛えるのに、鍛えがいのありそうな人となさそうな人がいますよね。

小林　そうなんだよね。特に三十過ぎてると、もうこっちが鍛えるっていうのも僭越かなぁと……。

飯島　そうですよね。仕事でもなんでも、素直で出だしが早いのがいいですよね。

小林　あと、明るい。

飯島　明るい。そうですね、ほんとほんと。

小林　なんか言って引かれても困るじゃない。

飯島　そうなんですよ。かといってでも、（軽く）「分っかりました〜！」って言われても腹立つんですけど、まだ、どんよりするよりはね。

編集　でも、小林さんはあんまり叱るタイプではないですよね。

小林　うん、叱れない。

飯島　私もずっと叱れないと思ってたんですけど、今のアシスタントさんになってから、すっごい叱れるようになっちゃって。ちょっと人間変わっちゃったみたいな（笑）。

小林　じゃあ相性がいいんだね、きっと。言えるっていうのは。言えるのはよくって、言えない空気感は、よくないよね。

飯島　どこにいい人材がいるんですかね。

小林　でも奈美ちゃんのとこのアシスタントさんはいいじゃない。

飯島　はい、彼女はいいです。

小林　そうだよね。なんか、普通でいいのにね。

飯島　そう、普通でいいんです。ね。……でも自分がこんなに働くとは思わなかった。小林さんはもう、ずーっと働いてるんじゃない？

小林　うん、ずーっとだけど、でも適当にちゃんと、休んでますからね。

飯島　あ、そうか。

小林　期間は長いけど、でもそんなに年がら年中働いてるっていうわけじゃない。

飯島　私も結構ね、休んでます。あと、仕事の種類が違ったりするから。

小林　そうだよ、書いたり、人前で喋ったり、インタビュー受けたり、料理作ったり、いろいろだよね。何が一番楽しい？

飯島　最近は雑誌とかで、例えば味噌の蔵とか行って、いろいろ教えてもらったり。興味のあることを取材させてもらったり。楽しいですね。やっぱりなんか作ってるとこ見ると、こんなふうに作られてるんだなって見ると、使い方とか食べ方とかいろいろふくらんで、楽しいです。

小林　こういうふうに手がかかってるんだな、と思うと大事にするよね。

飯島　あとはやっぱり、今、スタジオで撮影多いですけど、「かもめ」とか「めがね」とか環境がいいところでの撮影は、ほんとにストレスが少ないっていうか。今は、朝七時に橋本集合とかで。でも夜十二時くらいに終わって、家に帰って……、とか。そう思うと、「めがね」の時とか、そういう徹夜もないし。みんなが疲れてないっていうか、そういう雰囲気も大事ですよね。作ってる人が疲れてない。いらいらしない。

小林　忙しかったり疲れてくると機嫌悪くなって、現場の雰囲気がね……。

飯島　ね、そうですよね。

編集　小林さんは機嫌悪いってことないですね。

小林　そうだね。機嫌が悪いっていうか、落ち込むことは一瞬あるけど、機嫌悪くはならないね。

飯島　私もそうかもしれない。

小林　奈美ちゃんもそうだよね。

飯島　反抗期もなかった（笑）。

小林　私もそうだった。奈美ちゃん長女？

飯島　次女です。

小林　次女だからだ（笑）。次女は上見てるから、反抗期ないのかもね。

飯島　上を見て、上が変につっかかっていると、なんでこんな。

小林　そう、無駄な労力。

飯島　あと、上が結構転職を繰り返してたんで、私は好きなことを仕事にしないと、絶対続かないと思って、それで好きなことを仕事にした。

小林　私はうちのお姉ちゃんが働く前にすでにこの仕事をやってるからね。でも、うちの姉が反抗したり怒られたりしてるのを見て、ああいうの、疲れそうって。

飯島　ねー。でも、私、母親がびっくりしてますよ。「奈美がこんなに働くなんてねー」みたいな。なんにも考えてない高校生だったから。その時、付き合ってた男の子に、お母さんみたいに資格取って働いたほうがいいよって言われて。

小林　しっかりした男の子だね（笑）。

飯島　調理師とか栄養士とか、お母さんが調理師なんだから栄養士を取ればいいじゃんって。それもそうかなーって（笑）。

小林　すごいねその男の子。その人は今何してるの？

飯島　分かんない……。しっかり者だった。それでいっつも怒られてた。

小林　じゃあ、今こうしてるのも彼のおかげかもね。

飯島　そうですね。そうじゃなかったら、どうなってたかな。私がなりたかったのは美容師さん。

小林　えー、なんで？　奈美ちゃんくらいの時の美容師さんってちょっと不良っぽくなかった？　奈美ちゃんヤンキーだったの？

飯島　ヤンキーじゃないです。

小林　それなのになんで？

飯島　なんか、小学生の時にパーマかけたり。

小林　なんかそれ不良っぽくない？（笑）

飯島　違う、かわいいパーマですよ。

小林　かわいい……（笑）。でも、いずれにしても手に職、って思ってたんだね。

飯島　どうして小林さん女優さんになったんですか？

小林　別に「絶対なってやるー」みたいなのはなくって。「美しきチャレンジャー」じゃないけど、なんかちょっと面白そう、みたいな。今の若い子が「AKBに入りたい」っていうのと、もしかしたら同じレベルかもしれない。私の頃はそういう対象いなかったけど。

飯島　女優さん続けてきて、大変でした？

小林　大変っていう感じではないけど、なんだろう……。

飯島　それこそ外でね、みんなに知られちゃうじゃないですか。

小林　ねー、それはちょっと冷静に考えるとあれですけど、あんまり考えない性格なんで。あんまりこそことかはしないですね。

飯島　でもフィンランドでも、普通に女優さんが歩いていて。森下さんが「あの人すごく有名な女優さんだよ」って言うんだけど、なんか普通にしてて。そんな感じなんですよね、きっと。「スター」っていう感じじゃなく。

小林　日本も、でも、昔のスターは「スター」って感じだったけど、最近はどうだろう。

飯島　石原裕次郎さんとか、浅丘ルリ子さんとかね。今の人たちは、なんかね。昔のスターに比べたら、結婚したり自由ですよね。昔はもっと厳しかったですよね。

小林　もっと手が届かないみたいな、憧れがあったんじゃないかな。

編集　お互い四十代。これからのこと考えます？

小林　どうしますか。そこが一番柱じゃないですか、奈美ちゃん的には。

飯島　先輩、アドバイスお願いします（笑）。

小林　（笑）どうだろうねー。仕事はこのままやり続けるとして、あとは、我慢しすぎないことが大事かな。我慢しすぎると体壊すからね。

飯島　そうですよね。その時考えればいいんですよね。その時、その時考えます。

小林　そう、その時その時考えればいいんですよ。

飯島　ですよね。そうすることにします。あんまり、先々のことを考えない。

小林　そう、そうなんです。

飯島　考えてもね、状況変わってきますからね。

小林　そうです！　目の前にあることをね、一生懸命ね。

今でもまぜごはんをいっぱい作って、冷凍して送ってくれたりとか。

小林　奈美ちゃんの好物は唐揚げって聞いたんですけど、それは今も変わらず？

飯島　はい、唐揚げ。でも今ちょっと変わりつつある……でもやっぱり唐揚げですかねー。

編集　それはおふくろの味？

飯島　そうですね。もう唐揚げの日は、山盛り。

小林　へー。男の人で唐揚げ嫌いって人はいないって聞くよね。

飯島　いないですよね。

小林　男の人は唐揚げ好きだから、唐揚げできたらいいって。でも、確かに唐揚げ嫌いな人はいないかもね。そんなに絶対好きじゃなくても、食べたら美味しい。なんだろうね？

飯島　なんなんでしょうね。フィンランドでも唐揚げ出したら人気出そうですけどね。

小林　外国人好きだよね。でも外国の人は、肉に味をしみこませて揚げるって考えがなさそう。

飯島　ないですね。ただ焼くとか。

小林　それで塩こしょうするとか。でも、さっき言った好物が変わりつつあるって、なに？

飯島　ちょっと結構、年取ってきたんで。

小林　あー。揚げ物的なものがね……。

飯島　大根おろしとか、しらすおろしとかが好きになってきた。

編集　小林さんが子供の時に大好物だったのは？

小林　なんだろう。うちの母親、健康に気を遣って結構いろいろ作ってたけど……、なんだろう。

飯島　はっきり思い出せないんですよね。

小林　そうなんだよね。いろいろあって。でもうちの母親が私が好きだと思ってるのがまぜごはんで、今でもまぜごはんをいっぱい作って、冷凍して送ってくれたりとか。

飯島　優しい。

小林　確かに美味しいんだけどね。いつか作り方を聞こう聞こうって思いながら、その機会もないまま……。いや、まだ生きてますけど（笑）。早いとこ聞かないと、と思いながら、でも元気だからって安心しちゃって。

飯島　でも、聞かれたら喜びますよね。

小林　そうだよねー。

編集　唐揚げの原型はお母さんのレシピ？

飯島　そうですね。で、今、お正月とか家に帰ると、途中まで下ごしらえして、奈美のほうが味付け上手だからって、振られちゃって。今、お母さんの味を確認してみようって思うんだけど、最終的にまかされちゃって……。でも、最近一緒に「ほぼ日」で給食作ってるんですよ。月に何回か。

小林　誰に出すの？

飯島　「ほぼ日」の社員さんに出すんです。私は手伝い程度で、お母さんがメインでやってるんですけど、そこで結構お母さんのご飯を食べてる。

小林　どう？　味とか変わってない？

飯島　変わってない。なんか自分の作るのに似てるかもしれない。

小林　最近うちは父親が料理に凝ってて。この間帰ったら、岩手からさんまが届いてて、三枚におろして、あぶって叩きみたいにして、みょうがやネギを入れたタレと絡めて出したりとかして……。

飯島　もともと好きだったのかもしれないですよね、潜在的に。

小林　いやでも若い頃からは全然想像できない。それどうしたの？　って聞いたら、さんまの箱の中にレシピが入ってて、それを見てやったって。でも、最初の頃はまずかったよ、父親の作るもの。お雑煮の中にワインとか入ってて、なにこれワインの味ー、みたいな（笑）。

飯島　（笑）なにそれー。

小林　不思議なお雑煮、ワイン雑煮？　みたいな。

飯島　意外に美味しかったら面白いんですけどね。

小林　だけど、最近はすごい。芋の子汁とかね、圧力鍋とか使って作ってる。

飯島　すごい……お父さん。いいなー、おやじの味（笑）。

小林聡美×もたいまさこ

新宿
〜
箱根湯本（小田急ロマンスカー）
〜
富士屋ホテル

大寒波に襲われた節分の前日。長い付き合いの二人が、箱根へ小旅行しながら、ゆるゆる語りました。芝居に関しては小林さんを「先輩」と思っているというもたいさんが語る、小林さんの「飛ばない」芝居とは？

パワースポットとか占いとか言われてもさ、この年になるといらないわけよ。

（新宿発のロマンスカーの車内で、小林さんは「なだ万」の幕の内弁当、もたいさんは「今半」の牛玉弁当を食べながら）

小林　私いつもこの対談のときに、「こちらはなんとかで、何年にどうして……」とか、ちょっとなんかひけらかし的な勉強してくるんだけど（笑）、今日は時間がなくて、箱根は何も調べてない。でも、箱根はもたいさんのほうが知ってるよね。もたいさん、箱根はよく行ったでしょ？

もたい　箱根は、東京で生まれ育った人は、相当行ってるでしょ。近いから。二十回は行ってるでしょ。子どものときから数えると。

小林　えー、二十回？　そんなに行かないでしょう？

もたい　（笑）長生きのあれによるけど……。

小林　六十年くらい生きてたら二十回行くかもしれないけど。

もたい　一番なんか、近いからさ。東京の子だとね。

小林　まあねえ。でも、数えたらそれくらい行ってるのかなあ。

もたい　うん、まあ。回数は行ってるだろうね。

小林　小田急線沿線に住んでる人は、二十回は行ってるかもね。なんてったって私、京成線だもん。小田急線に乗るまでに時間がかかるもん。

もたい　ああそうか。じゃあ、温泉にでも行くかねえっていうと、どこ行くの？　草津？

小林　日光とか、鬼怒川とか？

もたい　ああ、日光、鬼怒川ねー。

小林　浅草から東武線で。

もたい　ああ、それはそっちのほうだ。そうかもしれない。

小林　それでも二十回は行かないけどね。そりゃ、小田急線に住んでる人は、二十回は行くよ、箱根。いいなー。

もたい　そうだね。新宿から出発できるっていうのは、かなり楽だよね。

小林　箱根神社って、どの辺にあるの？　みんながパワースポットだってありがたがってる神社。行ったことあるでしょ。

もたい　あるよ。小林さんもあるよ。

小林　え。私もある？（笑）

もたい　取材で。

小林　取材で？

もたい　小田原でパン買って、それから箱根神社行って、中まで入って、お祓いまでしてもらったじゃない。

小林　えー（笑）。全然覚えてない。そっか、仕事でどっか連れてかれても覚えてないね、全然。私行ったことないー、っていつも言ってたのに。

もたい　（笑）行ってる。お守りまでもらったのに。

小林　そうかー。

もたい　パワースポットはもうひとつあるらしいよ。箱根神社の近く。

小林　そうなんだ。……そう言われてももたいさんが思い出さない限り……。

もたい　パワースポットとか占いとか言われてもさ、この年になるといらないわけよ。

小林　分かる分かる。私もだんだん必要なくなってきた。

もたい　でしょ（笑）。

小林　若い頃は、どうなるんだろー、未来（笑）、って気になるけど、もう別に（笑）。

もたい　そう（笑）。もう見ないのよ。あんだけ夢中で占いの本読んでたのに。

小林　だよねー。

もたい　おかしいよね。もうなるようにしかならないし、言われたって、やらないときはやらないんだから。自分で身を以《もっ》て分かるんだよね。赤いちゃんちゃんこ着る年になると。

小林　そうそうそう（笑）。

これだけ箱根駅伝のこと知らないのも珍しいよね。みんなそんなに見てるの？　箱根駅伝？

小林　もたいさん富士屋ホテル行ったことある？

もたい　泊まったことはない。中に入っただけ。

小林　私泊まったことある。すごいね、クラシカル。ジョン・レノンも泊まったっていう。

編集　箱根駅伝でいつも映りますよね。「富士屋ホテル前です」って。

小林　ふーん、富士屋ホテルの前を走るの？　そんな奥まったところを走ってくんだ。

もたい　うん。箱根を越えるから。東京から箱根を越えて、芦ノ湖まで行くから。

小林　一日で？

もたい　二日。往路と復路。

小林　二日？

もたい　（笑）これだけ箱根駅伝のこと知らないのも珍しいよね。こんだけ話題になってるのにね。

小林　え？　二日かかってやってるの？　あれ。じゃあ、どういうふうにタイム計るの？　芦ノ湖で到着して一日終わるじゃん、次の日……。

もたい　時間差でスタートするの。一位と二位の差が一分だったら、一位のチームがスタートしてから一分待って二位のチームがスタート。

小林　はあ～（納得のため息）。それは大掛かりだねえ～。

もたい　（笑）そんな、大変じゃなさそうな言い方。

小林　いつも、お正月のテレビで、背景で映ってるなーぐらいにしか……。マラソンをね、見るっていう……。いや、分かるよ、だんだん盛り上がってくるっていうのは。マラソンを見るっていうのは……。

もたい　マラソン……42・5キロ……？

小林　195キロ《イチキユウゴ》！　そこは覚えようよ（笑）。

もたい　微妙なところ……。

小林　（笑）いい加減〜。42・195キロ。

もたい　それは「ナクヨウグイス」ぐらいみんな知ってるでしょう（笑）。

小林　マラソンみたいに一人で走ると、別にどうってことないんだけど。

もたい　（笑）どうってことあるでしょう。

編集　いや、いいのよ。

もたい　もたいさんの言いたいこと分かります。

小林　分かるでしょ。マラソンは途中で棄権しようがなにしようが、自分の問題だけど。

もたい　ああ、そうかそうか。チームだからね。四人？

小林　いや、もっとだから。十人。

もたい　えー！　十人〜!?　（異常に驚愕）

編集　往路五人、復路五人。

小林　え、待って待って。「プロ」もいるの？　プロ五人？

もたい　復路！　そっからなの？（笑）往路と復路。往復だから。

小林　復路がプロに聞こえた（笑）。プロが五人入ってるのかと思った。アマチュアとプロの混合チーム。

もたい　（笑）大学生だよ、まず。前提として。

小林　ああ、大学生なんだ。

もたい　（笑）大学生なんだって……。なんにも知らないんだね。ほんとおかしいね、こんだけ伝統があるのに。

小林　そうだよねー。いつ始まったんだろうね。

もたい　だって戦争前からやってるでしょ。もう百何回……？

小林　みんなそんなに見てるの？　箱根駅伝？

もたい　見てるよ、みんな。面白いから。

小林　ほんと？（まだ驚いてる）でも面白いのは分かる。精神的なあれだからね。
もたい　そうそう。一人で走るんじゃない。体調悪くて途中棄権したら、もうみんなに迷惑かけるから、どんだけ……。
小林　気持ちの、へこみが大きいか。
もたい　そうそう（笑）。だから、這うようにして入る人とかいるわけよ。女の子って走っててもあんなになるのってあんまり見ないね。京都とかいろんな地方都市で開催してる女子駅伝でも。
小林　一人何キロ走るの？
もたい　区間によって違うけど、15キロとか20キロとか……。
小林　でもじゃあ、42・195キロじゃないってこと？
もたい　違う違う、もっともっと。大手町から芦ノ湖まで行って帰るんだよ。
小林　そっか（笑）。42・195キロだったら、あれだね、成田までも行かないね。
もたい　往路だけで100キロ以上だよ。
小林　ふーーん、すごいイベントだね、箱根駅伝。
もたい　そう、盛り上がるの。
小林　そうなんだー。
もたい　うまくしたら四年間出られる人もいる。なんかスターが出たりするのよ。「山の神」とか。
小林　「山の神」……。箱根駅伝は何時間にわたる番組？
もたい　朝の八時から二時半くらいまでやってる。
小林　それずっと見てるの？　ずっとは見てないでしょ？
もたい　うんまあ、ご飯食べたり、お正月だからね、飲みながらとか。……意外だったね、小林さん、箱根駅伝全然分からなかった。大学生のものっていうのも分かってなかった。
小林　（笑）プロアマ混合。

もたい　まだまだ世の中にはね、知らないことが。興味がないとそれだけ目がいかないってことだよね。興味がないと……。

小林　知らずに終わることがあるね。人生。勉強になった。

すごいよ、昇り龍だらけだよ、もたいさん。

（箱根湯本到着。タクシーで富士屋ホテルへ。広報の望月さんに案内していただきながら、庭を散策）

もたい　鯉の餌買う？　ひとつ二百円。四つ買おう。あー、寒いね。（蒔くと）あ、きたきたきた。寄ってきた。おおすごいすごい……。

小林　大きい人は結構食べてる。小さい人にあげよう。

もたい　目見えてるのかな？

小林　（笑）見えてるよー。

もたい　鬼は外！　福は内！

小林　（笑）あー、節分だね。明日だね。

もたい　あ、ちょっと、あの人すごい、人面っぽい。ほらほら、さとちゃん。この人、人面っぽい。

小林　どれどれ？

もたい　ほら、この黄色い人。

小林　ほんとだほんとだ（笑）。

もたい　目の位置が違うんだね、みんなとね。

小林　違う、色がついてるんだよ、目みたいに。

もたい　あ、ほんとだ。違う。一人だけ目が寄ってるんだと思ってた。

小林　（笑）違うよー。

もたい　いやー、おかしい。人面魚。

小林　（遠くに投げながら）近くでもらえると思っちゃダメよ。水の流れを感じて！　近くにいるから近くでもらえると思うなー。

もたい　すごいねー。口が大きい。こんなのでお腹いっぱいになるのかな。

小林　猫の餌に比べるとね。水、すごい飲んでない？　大丈夫？

もたい　飲んでるよ。

小林　がっついてるなー。（鯉の頭をなでる）

カメラ関　わー、小林さんすごい触ってる（笑）。

小林　よーしよしよし。（なでる）お前慣れてるのお。かわいいい、人面魚。

もたい　すごいわ……。人面魚、餌付け成功。

（ひとしきり鯉と戯れてから、歩き出す）

もたい　ああ、気持ちいい。気持ちいいけど寒い……。これはなんなんだろう？

小林　これは、結婚式の屋外バージョンじゃない？（望月さんに）ここは、結婚式とかするんですか？

望月　今は使わないですね。昔はイギリス人が自分たちでコミューンを作ってカクテルパーティーをしました。だからイングリッシュガーデン。

小林　幸福の丘はもっと上にあるんですね。さあ行くわよ、幸福の丘に！

もたい　（笑）幸福の丘に行きますよ。

小林　ほら、じいさん（もたいさんのこと）！鐘があるよ。これ鳴らしていいんですか？

望月　どうぞ。

小林　ほら、じいさん鳴らすよ、共同作業。

（カンカンカンカン激しく鳴らす）

二人　（笑）もういいよね……。

小林　（丘の上の塀に囲われたところを指して）ここはなんですか？

望月　屋外プールです。

もたい　見たいです見たいです。いいですか？

望月　わき水ですから結構冷たいです。

もたい　地下にも、プールが？

望月　あれは温泉プールです。

もたい　あ、プール二つあるんですね。

望月　そうです。ここは夏だけ。谷川のわき水で流してるプールなんです。

もたい　相当冷たいですね。あ、大きいですね。
小林　あれは飛び込み台ですか？
望月　今は使えませんけど。
小林　深いですか？
望月　一番深いところで２９０センチ。
もたい　えー、そんなにあるんですか？　すごい、立派ですね。
望月　真夏でも十五分入ってると唇が真っ青になります。
もたい　そうでしょう、わき水だったら……。あー、だんだんに深くなってる。チェンマイのプールも、こう、だんだん深くなってく。ほんと、立派なプールですね、これは。これは見てよかった。すごい立派。これ、いつ頃からお掃除なさるんですか？
望月　六月の末ですね。大体七月一日から八月三十一日まで。
小林　贅沢。あ、これは藤棚ですね。
もたい　ここはほんとにおしゃれなプールだね。
望月　もともとうちのホテルができる前に、五百年以上続く旅館があったんですよ。藤の花の「藤屋」という。それを外国人に分かりやすく富士山の富士に替えて「富士屋ホテル」に。
小林　敷地はもともと旅館の敷地ですか？
望月　そうですね。一三五〇年くらいから続いていた旅館です。
小林　一三五〇年⁉　何時代ですか？
望月　鎌倉時代の後です。南北朝時代。豊臣秀吉が湯治に来た旅館って有名だったんです。
もたい　あー、痺れてきた。寒い……。
小林　もたいさん、手袋もしてないの？
もたい　そう、手袋はあんまりしないね。持ってることは持ってるんだけど。いつもし忘れる。あと、切符買う時なんか、かたっぽはずしてね、忘れる。だからじゃあいいやって、めんどくさくて。
望月　（エントランスの龍の彫り物を指して）普

通商売の守り神は蛇なんですけど、うちは創業者が蛇を嫌って龍にしてるんです。あれも入り口から蛇が入らないように、猿が見張ってるという（猿が蛇を睨みつけている彫刻を指して）、邪気を嫌って。

小林　蛇嫌いなんだ、私巳《み》年……。もたいさんは辰年ですよね、龍。

もたい　今年還暦でございますから。

（正面玄関に回って）

望月　全部建物が見渡せるのがこの上のテラスです。

小林　（建物を見上げて）あそこに恵比寿さんがいますね。

望月　よく見つけましたね。七福神がいろんなところに隠れてるんです。すごいですね、なかなか気がつかないんですけどね。

小林　そうなんです、見ちゃうんです、細かいところ。目が早い。

もたい　動体視力、抜群で。

小林　あれは鶴？　鳳凰？

望月　鳳凰です。

小林　ほおーー（笑）。

もたい　縁起のいいものばかりいるんですね。

小林　あれはなんですか？

望月　西洋館です。その後ろにフォレスト館っていうのがあって、あれが一番新しくて我々は新館って呼んでるんですけど、それでももう五十二年目。

もたい　えー。そうなんだ。

小林　あの五重塔みたいなのは？

望月　メインダイニングルームですね。

小林　屋根の上にも昇り龍がいますよ。なんか、これアンテナみたいですね。すごいよ、昇り龍だらけだよ、もたいさん。でも蛇が嫌われてるって……（笑）。

もたい　そう（笑）。巳年のさとちゃん、ちょっとショックだったよね。
望月　……申し訳ございません（笑）。
（地下の温泉プールへ）
望月　すごいしつらえですから、ぜひ中をご覧になってください。
もたい　はあー。
小林　これは水着着て泳ぐんですよね？
望月　はい。
もたい　（笑）まっぱじゃないよ。
小林　フィンランドはこういうプールで、みんな裸で泳ぐんですよ。
望月　ああ、あっちの方はそうですね。
もたい　（手を入れて）あ、温かい、すごいあったかい……。これは気持ちいいよ。プールじゃないよこれは。これは本気で泳いだら、大汗かいてのぼせるよ。
（史料展示室へ）
小林　（髭の男性たちのポートレイトがずらりと並んでいるのを見て）すごいよ、この髭。
望月　ええ、三代目のオーナーが。
小林　髭好き？
望月　この人が髭好きで、万国髭倶楽部というのを作って、十カ国四十三人かな、会員がいたんです。
小林　すっごい立派な髭だね。
望月　夜寝るときに、絹の袋を作らせてそこにしまって寝ていたらしいです。髭キャップ。これだけ長いと、床ずれして枝毛ができるらしいです。
望月　（立派な髭の胸像を指して）この髭の山口正造っていうんですが、もとの名前は金谷正造といいまして、金谷ホテルの次男坊だったんですが、婿にきて。
小林　どうしてこんなに立派な髭をはやそうと思ったのかな。
もたい　多分……童顔だったからじゃないの？
小林　（笑）こんなに立派じゃなくても……。

望月　髭でお客様に自分の顔を覚えてもらって、広告塔がわりに。
もたい　はあー。なるほどねえ。
(厨房、メインダイニングルームを案内してもらい、富士屋ホテル散策終了。ロビーラウンジにて)
もたい　いやー、歩いたね。
小林　ワンダーランド、面白かった。博物館みたいだね。見どころ満載。……もたいさん何食べる?
もたい　うん、甘いもの食べたいよね。
小林　シュークリームとか、ロールケーキとか……。
もたい　これもいいね。パンプディング。
小林　私ロールケーキにします。
昔は役者になるなんて、親不孝なんですよ。今の親はみんな役者にしたがってるけど。

小林　誕生日来たら、還暦でしょ?
もたい　さようでございます。あきれちゃうよね。自分が六十になるって、想像つかなかったよね。六十だよ。
小林　でも、意外と六十って、若いよね。
もたい　なってみるとねぇ。
小林　ねぇ。
もたい　思わなかったでしょう? 四十六になるなんて。
小林　いや、思わない、思わない。
もたい　ねぇ。
小林　本当。三十四くらいで、「あれ? ちょっと年取るのかな」みたいな。一回、三十四くらいで一回思って。
もたい　うん。
小林　で、三十七、八くらいで、「あぁ、もうなんかなるのね」みたいな。
もたい　どれくらいの時、そんなこと思ったかねぇ。うーん……。でも、十代の頃はね、二十七までしか想像がつかなかった。
小林　へぇ、よくそれ、覚えてるね、そんなことね。
もたい　二十七っていうのは、すごい大人なんだろうなって思ってた。でもね、自分がなったらね、チャンチャラ子どもだったね。
小林　全然子どもでしょう。
編集　でも、もたいさんって、昔から周りより大人じみてる感じがしませんでした？
もたい　（笑）
小林　言葉選ぶねぇ。
もたい　やっとビジュアルとみんなが見てる目が、一緒になってきたっていう感じですかね。だって、若い頃、本当に、十八くらいの時に三十くらいに見えたよ。
小林　（笑）それ、特殊なファッションとかしてたんじゃない？
もたい　いやいやいやいや。デパガの時だから（笑）。
小林　ちゃんと化粧とかしてた？
もたい　してない。化粧はしてないね。
小林　化粧とかすると、かえって老けたりとかするんだよね。
もたい　ええ、化粧してたのかなぁ。してないよね、あの頃は。
小林　してないのかな。
もたい　覚えてないけど。うーん……。
小林　デパガって、なんかお化粧とかさせられそうだよね。その当時の写真とかないよね。職場で写真撮らないもんね。
もたい　いや、成人式で撮ったよ。
小林　え？　職場で？
もたい　職場で。職場っていうより、屋上に上がってみんなで。
小林　みんなで？　へぇ。

もたい　で、二十歳の同期全員が。

小林　三越だっけ？　銀座の。

もたい　銀座三越のベビー用品売り場。

小林　（笑）

もたい　二年間ずっとだから、子どもの売り場。おかしかったけどね、あれはあれでね。

小林　いや、そうだよね。デパートでなかなか勤務できないよね。そこで学んだことは何ですか？

もたい　そこで学んだことは……。

小林　お客さんのつかみとか、なんかそういう。

もたい　そういうのはあんまりなかったですけどね。でも、すごくおかしかったのはね、ほら、ベビー用品だから、生まれる前、妊娠中に買い物に来てたりするわけですよ、新生児の新しい下着とかね。全部、お風呂とか、全部揃えて。それで、送ってあげてとかってやって。で、生まれてから来たりすると、「あのお腹に入ってた子がこの子なんですか！」みたいなのがおかしかったね。そのなんか流れを見れるっていうのがおかしかったね。

小林　へぇ。

もたい　あの売り場の面白さ。

小林　面白いね。

もたい　それは面白かったですね。あとはまぁ。残業、早出、残業、早出で、あんだけ働いたことはあんまりなかったくらい働いてた。小林さんは、そういう仕事は、アルバイトもしたことないよね。

小林　アルバイトしたことないですねぇ。

もたい　ねぇ。したかったですか？

小林　そうですね。若い頃はね。でも、今はしたくないですけどね（笑）。

もたい　今したら、なんかおかしいですよね。私は、バイト山のようにしましたよ、劇団時代。デパート二年いて、辞めて、それで学校行ったんですよね、演劇の学校。自分で学費を貯めて。昔は役者になるなんて、親不孝なんですよ。今の親はみんな役者にしたがってるけど。だから、親不孝だから、親からお金貰ってやれっこないの。それで、自分でお金貯めて。

小林　偉いよね。それだけ、それだけ俳優になりたかったのね。さすが。女優魂がどうも違うと思った（笑）。

編集　二人が「やっぱり猫が好き」で共演した時、二人は何歳？

小林　二十二、三か。だから、まさこさん、三十六、七とか。

もたい　それはね、だから、昭和の終わり。

編集　もたいさん、変わらない。

もたい　だから、室井（滋）さんと私は、ほとんど変わらないね。

小林　若かったからかな。いや、もたいさんは若い時から変わらないんだ。

もたい　さとちゃんは、十九歳から知ってて。すごい顔変わったよね。

小林　それはやっぱり若かったからじゃない？

もたい　そうだね。

小林　変わる時期に知り合ったから。まさこは、もう出来上がってる時に知り合ったから。

もたい　そう、出来上がってる時に。

編集　十九の時に、二人が知り合ったのは？

小林　仕事場で。バラエティ番組です。「ＯＨ！たけし」っていう。ビートたけしさんの。その時、二人の愛読してる雑誌がね一緒だった。「オリーブ」（笑）。

もたい　三十三歳で「オリーブ」（笑）。面白かった。

小林　面白かったよね、昔の「オリーブ」ね。

もっとこう、怒りの沸点を育ててほしいって思っててね。

小林　自分は、六十になんかなると思ってなかったでしょ。
もたい　思ってなかったよ。
小林　自分の中の年齢とかってあるでしょ？　いくつくらいで止まってる？　止まってるっていうか。
もたい　止まってるのはね。
小林　意識的な年。
もたい　止まってるのは、三十くらいで止まってるね、頭は完全に。
小林　（笑）そういうの、面白いよね。七十くらいの人に聞いても、「そうね、四十七かな」とか言ったりする（笑）。「それ、どこですか？」みたいな。八十の人とかに聞くと、「そうね、六十いくつかな」とか言って。私は、三十七とか六とか。
もたい　そう。さとちゃんのほうが年上かもしれないな。
小林　あはは、そうだね。そのくらいな感じ。もたいさん、三十（笑）。
もたい　三十。
小林　図々《ずうずう》しい、三十ねぇ。若い。
もたい　もう全然成長してないっていう感じがする、頭の中。
小林　若いねぇ。だから、もう三十の時から、ちゃんとしっかりしてたんだね。
もたい　いや、しっかりしてるっていうね、そういうことでもないなっていう感じがするんだけど。
小林　いやぁ、そうだよ、きっと。完成したのが三十。
もたい　なんかこう、なんか物事に対する、特に分かりやすいこと、なんかこう、何にムッとするかみたいなのが、あんまり変わってないっていう。
小林　あぁ。
もたい　あの頃と一緒だなぁみたいな。
編集　価値基準的なものが？
もたい　そうそう。あの辺までで作られたんだなぁって感じでしたよ。でもさ、そりゃいろいろあるんだからさっていう、書き換えができてないの、全然。だから、成長止まってるなぁと思って。もうちょっと視野を広げろよって感じ。

小林　でも、もたいさんのイメージって、何でも、「そうだねぇ、大丈夫だよ」とか言ってくれそうなイメージで、優しい大人の女性みたいなイメージだけど、すっごい……。

もたい　ないよね。そういうの全然違う。

小林　ね（笑）。

編集　ないってどういうことですか？

小林　「お前、いい加減にしろよ！」みたいな、そっちがあるみたい。

もたい　そう。事実そっちのほうだよ。

小林　ね。プチンと。

もたい　三十の時からプチッていうのは、変わらないよね。

小林　（笑）世に出てるイメージのね、なんかこう、（優しそうに）目を細めて……っていうイメージはあるけれど、ね。

もたい　面倒見よさそうに見えるけど。

小林　確かに面倒見はいいけど。

もたい　でも、やってくれるんだったら、全部やってもらいたいっていうのが潜んでる。

小林　あ、やってくれるならね、周りの人がやってくれるなら、全然。

もたい　全部やってくれて。

編集　小林さんのほうが面倒見がいい？

小林　いやぁ。

もたい　さとちゃんは、一見面倒見がよさ……。

小林　よさそうに。

もたい　いや、よさそうじゃなく見えるんですよ。

小林　あ、そう？

もたい　そう思うよ。

小林　いやぁ、もうよく知ってるからあれかな？

もたい　あぁ、そうか。でも、そういうふうに見えるよ。あまり言っても、誘っても、来てくれないだろうなとか、なんか言ったら、頼んじゃいけないなとかっていうふうに、一見思うんだけど。
小林　うんうん。そうだね、思われるね。
もたい　でも、そこまでやってたの？　みたいなことが多い。
小林　あぁ。
もたい　だから、頼まれると、反対に、私よりも嫌とは言えない。
小林　そうそうそう。そうだね。
もたい　ね。全然違うんだよ、その辺。
小林　もたいさんは、なんか無視とかしそうだもんね。聞こえなかったふりとか（笑）。
もたい　意外とね、人って、違うふうに見られてるっていうかね。
小林　そうだね。
もたい　それで、そういうふうに見られて、特にこういう仕事だと、こう、そういうふうに見たいんだろうなっていう人を、また演じちゃうみたいなところがあるじゃないですか。
小林　で、仕事依頼する側も、そういう役柄を主に。
もたい　来るからさ。
小林　来るからね。
もたい　だから、みんなよく言うじゃないですか、「同じ役ばっかりしてて、飽きちゃいますよ」とかって言うけど。だから、そういうイメージを決めちゃうと、もうずっとその役みたいになっちゃうっていうのはあるのかもしれないですよね。でも、自分の中にないものではないんだけど、それが全てではないみたいな。まぁ女優さんって、結構そういうことありますよね。
小林　そうだよねぇ。
編集　小林さんは自分のイメージとのギャップっていうのは？
小林　あんまり気にしてない。イメージあまり気にしてない。どうだろうね。どんなイメージなのかもよく分からないっていう。なんかね、元気がいいイメージって、若い頃。

もたい　うん、そう。元気がいいって、ずっとね。

小林　思われてて。

もたい　明るくて。

小林　そういうのに、多少反発はあったね。ひねくれてたから。

もたい　意外とひねくれてる（笑）。

小林　そうそうそう。偏屈だからね（笑）。でも、別に、全然。割と、「まぁいいや」って、そういう感じで。

もたい　そうですよね。

小林　ねぇ。だから、仕事とかやってても、自分が飽きちゃったりとか、そういうことがなければ、別にそんなイメージにもすごい変えなきゃみたいには……。でも、どうなんだろう？

もたい　ねぇ。

小林　どうなんだろうね。結構人によるのかもしれないけど。なんか仕事って割り切っちゃうと、いいやみたいになっちゃうんですけど、私は。だから、エッセイとか書くのも、まぁあれも本当の自分じゃないけど、でも自分のことも多少書かなきゃいけないし。

もたい　嘘じゃないんだけどみたいなとこって、絶対入ってくるよね。

小林　ね。

編集　自分で演出するっていうか、読まれることを意識する。

小林　そうだよね。

もたい　でも、それってさ、日常別に、女優さんやってなくても、あるんだろうよね。

小林　あるんだろうね。

もたい　嫁の顔とか、母親の顔とか、妻の顔とか。会社に行ってる、会社員の顔とかね。それぞれに合わせて。

小林　期待されてる雰囲気でね。

もたい　そうそう、期待されてる雰囲気で。

小林　でも、別にそんな気にしてないでしょ、今？

もたい　何？

小林　自分がどういうイメージで。

もたい　あぁ、全然思ってないんだけど、そんなことはどうでもいいんだけど。ほら、別にこう、そういうふうに、何でも聞いてくれそうって言いながらも、誰に相談されたわけでもないし。

小林　イメージだけでね（笑）。

もたい　イメージだけで。だから、そんなもんさって感じ。

小林　相談に乗ってくれそうみたいな。

もたい　実際に相談して来る人はいないという。

小林　もたいさんの過激なところが一番出てるのはね、どうやらテレビ見てる時らしいね。

もたい　そうですね。

小林　相当過激らしいんですよ、テレビ見てるまさこは。

もたい　理不尽なことが、やっぱり一番駄目ですね。だから、何だか知らない、どこでそんなことを思ったのか分からないんだけど、子どもの時から、子どもは幸せにならなきゃいけないと思ってたんですよ。だから、子どもが不幸になっちゃいけないと思ってたから。だから、子どもの悲しい話があると、ブチ切れますね、やっぱり。だから、なんで虐待なんてあるんだろうとかって、その辺はもう。

小林　それはどういう感じでブチ切れるんですか？「お前、何やってるんだ、このやろう」って？

もたい　「同じ目にあわせてやろうか」（かなり低音で）って。

小林　「同じ目にあわせてやろうか」って（笑）。

もたい　地獄から呪うように言ってるけど。「同じ目にあわせてやろうか」それ、一番ですね、変わらないところは（笑）。

小林　おかしいんですよ。私もまさこがテレビを見てるところはあまり知らないんでね、そんなのは噂で聞くんですけど、まさこが怒ってたって。

もたい　そうですね。さとちゃんは、過激なところ……。

小林　私ですか？　ないんじゃないかな、どうだろう？　集中力はあるけど（笑）。

もたい　まだね、育ってないと思うの。

小林　え？

もたい　過激な芽が。

小林　え、過激な芽って、育つものなんですか？

もたい　育つよ。育てなきゃ駄目だよ。

小林　過激なところ？

もたい　うん。

小林　どう？　みんなあるのかな？　過激なところ。

もたい　怒りの沸点を。

小林　怒りねぇ。

もたい　怒りの沸点を育ててほしい。

小林　沸点を上げろ的な。

もたい　さとちゃんは怒らないんだよ。だから、私は、前からさとちゃん見てて思うんだけど、もっとこう、怒りの沸点を育ててほしいって思っててね。怒っていいっていうか、なんか。おかしいなと思ったら、怒ってもいいのよっていう。

小林　おかしいなと思うと、そこからもう離れちゃうんだよね。

もたい　そう。

小林　私はもうすっかりいいです、みたいな。そこから。

もたい　触らないでおこうって、最初思う人だから。おかしい！　って凝視して見て（笑）。

小林　それも性格もあると思わない？　苦手な人もいるよね、きっと。

もたい　まぁね。まぁそうなんだけどね。

小林　でも、正義とか、そういうところで怒らなきゃいけないっていうところでは怒ったほうがいいとは思うし。実際そのくらいのゆるい怒りなら、まぁゆるいっていうか、そのくらいの怒りっていうか、まだ文句くらいにしかなってないかもしれないけど、そういうのは一応あるよ、大人になって、やっぱりね。

もたい　大人になってね。

小林　そうそう、あるよ。

だから、安心して、三十まではみんな遊ぶぞ、みたいなところあったんだよね。

編集　もたいさんは遡って二十代はどんな感じでした？

小林　楽しかったでしょ「3〇〇《さんじゅうまる》」。

もたい　あ、「劇団3〇〇」やってる時？　うーん……、でも、二十七くらいだからね。

小林　から始めたの？

もたい　うん。

小林　え、それまでどうしてたの？　二年間は三越にいて。

もたい　いて、その後に、演劇学校三年行って。

小林　その後なにしてたの？

もたい　その後……。

小林　三年って、じゃあ、二十五くらいだ。

もたい　その頃、ウロウロバイトとかしてて、それで、（渡辺）えりちゃんが劇団作るって言って、それで始めたから。

小林　じゃあ、家手伝ったりとかしたの？

もたい　そう。それとか、あとバイトしてたりしたね。

小林　じゃあ、親とかはどんな感じだったの？お父さんとか。

もたい　最初は反対したけど、あとはもうなし崩し。最初は暴れてたからね。

小林　あとから親切にしたりとかしたの？　親孝行とか。

もたい　そんな、あの頃はだって、自分のことしか考えてない頃だからね。その場で楽しければいい。先なんて分かるわけないじゃんって（笑）。先のことなんか。でも、まだね、いい時代だったのよ。三十くらいで、向いてないから、普通の商売っていうか、普通の人に戻りますみたいなことも、ちゃんと職場も結構あったから、中途採用でも、社員になれたりしてたのよ。だから、安心して、三十まではみんな遊ぶぞ、みたいなところあったんだよね。

小林　へぇ、いいねぇ。

もたい　だから今の学生は、本当にかわいそうだと思う。だって、遊ぶ時間全然ないじゃない。自分がやってみたかったりとか、試してみたかったり。

小林　分かんないよね、一回の就職じゃね。

もたい　向いてないかもしれないじゃないのよ。で、一度なんかこう、合わないかもしれないけど、音楽の仕事を三十まではやらせてくださいみたいな感じで、バイトしながらでもなんとか食べていけた。そんな時代だったからね。だから、それは本当に幸せな時代だったかもしれない、私たちって。やりたいことに挑戦する時間があったから。だから、ちゃんとその後で、みんな三十くらいになると、会社員になったりとか、また学校行って、嫁に行ったりとか、いろいろしてたからね、ちゃんと戻って。

小林　いろいろ選択するチャンスがね、……今はなんか。

もたい　チャレンジする時間とね。で、周りもそれを許してくれた、大人が。だから、大きな会社入るんだったらね、商社とかっていうんだったら別かもしれないけど、そこそこで、ちゃんと一生食べていくみたいな職場だったら、中途採用なんて平気で。「へぇ、芝居やってたんですね」なんて言って、結構面白がられたりするような時代だったから、いい時代だったんだよね。本当今の人、かわいそうだね。

小林 それで、アルバイトやめたのは？

もたい 専業になったのは……、三十三くらいですかね。三十二の時は。

小林 まだ劇団にいた？

もたい いましたね。三十二でやめたくらいですかね。

小林 でも、劇団やりながらバイトしてたっていうこと？

もたい そう。で、あと、最後のほうに、ＣＭをやり始めて、そういう仕事が来始めて。

小林 すごいねぇ、「タンスにゴン」で。

もたい 三十二の時に、初めてテレビのドラマの。

小林 ドラマやって。その時のこと、なんか覚えてる？

もたい 全然分からない。何をやったかわけ分からない。たけしさんの「学問ノススメ（ビートたけしの学問ノススメ）」。

小林 なんか緊張したりとか、幻滅したりとか、そういうのも。

もたい 全然もう。

小林 覚えてない？

もたい ただ、夢中でやってただけで、全然分からない。何も分からない。言われたことを、「はい」って。

小林 なんか十代の頃だったら、なんにも分からないって分かるけど、三十で何も分からないってある意味すごいね（笑）。

もたい だから、ほら、若い時だったら訊けたかもしれないけど、年取ってるから、反対に訊けなくて。

小林 あぁー。

もたい 周り、子どもばっかりみたいな。

すっごいね、飛ばないよね。
飛ばないのに、全然違う人になってる。
編集　還暦を迎えるもたいさん、今、悩みはありますか？
もたい　悩み？　究極の悩みは、本当に何度も言うようだけど、長生きするのが怖い。
小林　（笑）
もたい　だから私が、病院に行きたくないのはそれなの。健康診断とか精密検査とかしたくない。
小林　え？　病院行って、なんで長生きが？
もたい　だから、ほら。
小林　どこも悪いところないですよって。
もたい　じゃなくて。だから、手遅れで死にたいの、私。
小林　治療をされるのが嫌っていうこと？
もたい　そうそうそう。それでまた長生きするのも嫌なの。うちの父親がね、具合悪いって、一度病院連れていってくれって言われて、連れていったら、「三カ月です、もうあと三カ月」って言われて。それ、一番いいじゃないって。
小林　行ったらもう手遅れだったっていうのが。
もたい　そうそう。だから、父親六十七でしたけど。私の理想としては、七十ね。
小林　七十いくつ？
もたい　ちょうどくらいで。
小林　七十、あと十年じゃない。
もたい　うん。
小林　死ぬわけないじゃん。
もたい　ねぇ。
編集　もたいさん、小林さんは変わりましたか？
もたい　なんかこう、なんか、なんだろうな、今どういう状態なのかなって、今、私は眺めてるんですけどね、小林さんのことを。なんかこう、なんだろうねぇ。年取るっていいよねっていうのは実感するね、見てて。自分がっていうより、小林さん見てて、年取るっていいなって。

小林　若い頃から知られてるからね、私はもう三十代のまさこを知ってるから。三十代からだから。

もたい　十九からだからね。うん、そう。なんかこう、見てて、とりあえず、まぁいろんな責任はあるにしてもさ、自分を真っ直ぐに生きられるって、いいですよね。

小林　ありがたいですなぁ。そういうふうに生きられる環境がね。

編集　じゃあ、小林さんはもたいさんをずっと見てて？

小林　いや、もたいさんはそんな別に、全然……本当に自分が言ってたように、変わらない。若い時からこんな感じだったもんね。

もたい　うん、うん。

小林　もう、なんか過激とか言いながらも、すごい我慢してたりとか、我慢強いなっていうところはすごい感じます。で、それで病気にならないのはすごいなと、さらに思ったりとか。

もたい　だから、一カ月風邪で寝るの。毎年、冬に。

小林　毒出し期間。

もたい　毒出しが、一カ月必要。

編集　小林さんにとってもたいさんは先輩という存在？

もたい　でもね、先輩って言ったって。

小林　先輩って感じはあんまりしないんだよね、やっぱり。

もたい　年齢的な先輩だけで、何の役にも立ってないの。

小林　役に立つとか（笑）。

もたい　芝居に関しては、完全に小林さんが先輩だから。それは、年数やってるとかそういうのじゃなくて、どうしてこんなことを、それこそひらめきっていうか、なんでこんなことができるのかなっていつも思うわけね。さとちゃんの芝居を見て。それは昔から変わらないんだよね。だから、本当に「転校生」の頃からね……、なんて面白い女優さんだろうと思ったまま。

小林　私は、なんか先輩……いや、なんか安心はするけど、「先輩なんとかして～」みたいには。

もたい　て、思わないよね。頼るみたいな、そんなことない。

小林　頼るって感じじゃない。まさこを面白がって、面白いけど、頼りはしない。ていうか、ずっと楽しんで。それで、二十八年とか……？

もたい　そうそう。最初の「ＯＨ！たけし」のあとに一緒に仕事したのは……。

小林　「猫」。

もたい　あれは大変だったね。

小林　いや、あれも、みんなでやらなきゃって感じだったよね、あれこそね。

もたい　そう、なかなかいろいろ決まらないから、自分たちでやらなきゃいけなかったからね。

小林　ホンがあんまりこう、出来のいいのがなかったりする時に……。

もたい　大変だったね。

編集　でも、どんどん話題になって、大変だけど手応えが。

もたい　うーん……。やってる最中は今みたいに、ネットとかそういうのがないから、そんなに評判になるっていうのは、そんなに大々的には……。だから、週刊誌とかにちょっと。

小林　ちっちゃい記事とかでね。

もたい　でも、今だったら、パーッとなるでしょう？　ネットで。だけどあの頃は、そんなにやってる最中は、面白いっていうね……。「見ました よ、面白かったですよ」なんていうふうには言われなかったから。

小林　自分たちで、やってても……。

もたい　面白くできる時もあるけど。……でもそうでなくても、もう一回やるわけにはいかないじゃん、もう。決まってるし、スケジュール。
小林　そうだね。これ、なしっていうのができない。
もたい　そう。スタジオも時間決まって借りてるわけだし。
編集　その後「かもめ食堂」まであまり本格的な共演はなかった。
小林　なんか「猫」のイメージがすごく強くて、いつも一緒みたいな……。
もたい　私はもう恥ずかしくて嫌だった。なんだろうね。恥ずかしいんだよね。いや、やっぱり。
小林　分かる、分かる。普段知ってるのに、よそ行きで、「どなたです?」って言うのが。
もたい　芝居するって。
小林　そう。
もたい　でも、「かもめ」はもう、がっちりやったから。払拭した。
小林　にらめっこ状態。
もたい　それで、役者がみんな小林さんと仕事したいっていう理由が分かった。快感なんだよね。役者じゃないと分からない。いや、でも、本当にね、それは思ったね。だから、「かもめ」が初めて芝居したってことだよね。「猫」はもうほとんどやっちゃ場だもんね、もう。
小林　やっちゃ場……(笑)。
もたい　さとちゃんに出会う前も、一緒の会社になっても、ずっとなんか、この人、テレビ出てると、本当にこの人だけのシーンをもっと見たいなって、ずっと思っている。
小林　よく言ってくださってるねー(笑)。
もたい　そういう感じなのに、それはただ、ただ本当に見ててそう思ってるだけで。その根源みたいなものはどこにあるのかって、考えなかったの。そう、もっと見たいなって思うだけで。「かもめ」やってみて初めて分かった。なんだろうと思ってたのが、開眼したっていうか。すっごいね、飛ばないよね。飛ばないのに、全然違う人になってる。

小林　飛ばない？

もたい　うん。役者ってさ、「この役」って入って、急になんか低い声で、こういう役だからみたいな。ガラッと変わるけど、小林さんは……。本当、人がね、この音で出るだろうなと思うのと、全然違う音で出るとか。それがでも、不自然じゃないの。普通だと、そうやって出ると、絶対に不自然になって。作ってるなって、決めてきたな、こいつって分かるんだけど、この人そうじゃない。こういうふうに、プレーンでいられる人っていない。あと、小林さんは、芝居の時でも腰が低い、引いてる印象なの。

小林　どうだろう。

もたい　性格、性格。昔からの。

小林　でも、やらなきゃいけないってなると、思い切り。そういう人生。

もたい　それと、あとね、責任取りそうだよね。

小林　そう、責任感が強い。（目に力）

もたい　すごく。だから、映画見てても思うのよ。あぁ、どうしてそんな責任取るかなぁと思うのよ、私なんか、さとちゃん見てると。私は本当に、責任取らないから。

小林　本当、責任感が強い。（目に力）

もたい　私はやりっぱなしだから。でもさとちゃんは、これ、どう言ったらいいだろうね。もう感覚でしかないんだけど、見てて、さとちゃんは、本当に責任感が強い。そんなに責任取らなくていいってみたいな。

小林　だから、できてるかできてないか分からないけど、やらなきゃなっていう。責任感は、性分だから。だって、私、子どもの時から、別にそういうなんか……性分だね。生まれつきっていうか、そうなんじゃないかな、分からないけど。

編集　思い切りと責任感。

小林　でも、決断は遅い。そういう意味では、私、ウジウジ、ウジウジしてるよね。どうしようか、メニューとかも、どうしようかなって。私、結構すごい見るよね。吟味癖があるっていう。

もたい 吟味癖（笑）。

小林 吟味しちゃう、すごい吟味しちゃう。吟味。吟マー（笑）。

でもお芝居の時は吟味しないよね。芝居に関しては、全然吟味なし。

編集 人は自分と似てる人を好きになるのか……。二人は似てないような。

小林 やっぱり最初は共感できるところがあって、なんかこの人の言ってることいいと思ったりとかして、好きになったりとかするんじゃないのかな。

もたい うん。あと、全然違うタイプで面白いなぁって、どうしてこんなことできるんだろうなぁとかっていうあれもあるよね。

小林 だから、尊敬とか、そういうことになる。

もたい それは一緒に仕事をする時だね。

小林 友達はやっぱりタイプが全然違っても、いいやつだとかさ。

もたい あ、それあるよね。なんか気持ちがいい。

小林 あるある、気持ちがいいやつ、ある。

もたい それは一番基本でしょ。

小林 全然、趣味とかも、着てるものとかも、なんでそんなの着てるの？　だけど。確かにそうだね。全然自分と似てないんだけど、いいやつ。

もたい そうだね。

小林 友達はいいやつで決まりだね。もたいさんも、すごくいい人（笑）。

もたい 自分ではそうは思わないけどね。

小林 いいやつに対して悪にならない。悪に対しては悪になるけど。「同じ目にあわせたろか」みたいな（笑）。

もたい 悪になるんじゃなくて、悪悪《あくあく》になる。

小林　悪悪って、どういう？
もたい　悪に対して大悪になる。
編集　最後に、今後の抱負は？
もたい　抱負？　だから、
小林　出た、長生きしない。
もたい　長生きしたくない。さとちゃんは？
小林　そうですねぇ、うーん……。ほら、また吟味しちゃって（笑）。
もたい　吟味してる、吟味してる（笑）。
小林　そうねぇ。
もたい　でもお芝居の時は吟味しないよね。
小林　それはもうやけくそ状態だから、いつも。
もたい　スポーツ選手みたいだよね。テニスプレイヤーみたいにさ、ポンッと来た球を。
小林　芝居に関しては、全然吟味なし。
編集　対談でいつも、役者に向いてない的なことを言いますが。
小林　うーん……。
もたい　でもね、本人的には本当にそう思ってるんだと思う。他人から見て、そんなにできるのに、なんでそんなこと言うっていう感じなんだけど。でも、本人的には絶対そうなんだと思う。
小林　もう、やけくそだからね。
もたい　よく、ほら、神経質な人がさ、「本当にもう眠れないんです」とかって言うじゃん。本人言ってるんだから、本当なんだと思うのよ。はたから見たら、「寝てたよ」みたいな、そういう（笑）。本当に、本当なの。だから、向いてないって本人が本当に思ってるんだろうなぁって。人間って計り知れないからさ、本当に思ってる。だから、これが、「私、向いてるわ」と思ったら、どんだけの芝居するんだろうと思うけど（笑）。
小林　なんか分からないけど、自分のやりたいところまでできてないと思うから向いてないと思うんじゃないかと思うんだけど。こういう芝居がしたいと思っても、できてないのかも……。うーん……。

もたい　また吟味。吟マーだね（笑）。

小林　これからも吟味を続けて生きていきます（笑）。

小林聡美×柳家小三治

芝公園〜東京タワー〜巴町砂場

ゴールデンウィーク直前の暖かい午後、散歩に出た噺家と役者。東京タワーに昇ったあと、小三治師匠行きつけのお蕎麦屋さんで美味しい山かけをいただきながら、小林さんを「どこかの惑星から来た普通の人」と称する師匠による「小林聡美論」を拝聴したのでした。

駄洒落を言うと、脳が活性化されていいらしいですよ（笑）。

（芝公園のもみじ谷から散歩はスタート）

小林　わーっ。東京タワー、ほらきれいですね。

小三治　いつの間にこんなにきれいなタワーになっちゃったんですかねえ。

小林　ほんとにねえ。

（二人、芝公園から東京タワーを見上げて）

小三治　（桜を見て）そうか……もう八重桜か。

小林　でも桜がちょっと残っててよかったですね。

小三治　でも、これ八重桜だよ。八重桜はだって、遅いよ。

小林　あ、そっか。そうですね。あそこに地蔵様がいる。ここ、なんだろう？　ここも芝公園？

小三治　なんか秋みたいだね、この落ち葉の具合が。ほんとにねえ、地べたが秋で、空を見ると新緑で。鳥の声が春で。そこらに、ベンチにいる人は老人で？

小林　（笑）そうでもないですよ。

小三治　そうかい。そっちの道（車の通行が激しい車道）の、ひとつ入るとこんな景色があって。こんな空気があるとは思わなかったなあ。いいとこへ連れて来てもらって、どうもありがとうございます。

小林　こちらこそ、ありがとうございます。

（ベンチに座って撮影）

小三治　カメラ、カメラ（とカメラに向くように言う）。

小林　あ、はい。どうですか、（カメラマンのカメラを指し）あれ、ペンタックス。

小三治　「ワイドだよ」っていう。知ってる？

小林　なんですか、それ？

小三治　知らない？

小林　（笑）ワイドだよ？

小三治　「鬼のいぬ間にペンタックス」っていう

のはどう？　だめか？

小林　……すみません。

小三治　それはどういうことかっていうと、「鬼のいぬ間に洗濯を」っていう……。

小林　あー。駄洒落《だじゃれ》的な……。

小三治　ダメか。ここんとこ、ちょっと疲れちゃってるんでねえ。疲れてると駄洒落ばっかり出てくるんですよねえ。

小林　でも駄洒落を言うと、脳が活性化されていいらしいですよ（笑）。駄洒落が浮かんだときにそれとどめるとすごくストレスになるらしいです。

小三治　ああ。そう？

小林　浮かんだときはなにがなんでも発したほうが健康にはいいらしいです。

小三治　「ダジャレー婦人の恋人」とか駄目？　そういうのは。

小林　あっはははは！　私、ハードル低すぎますかね？　こんなので大笑いして。……あ、飛行船が飛んでる。

小三治　え？　飛行船？　ああ、なんか斜めに飛んでるね。

小林　ほんと、欽ちゃん走りになってる（笑）。

小三治　風に逆らってるんだろうね。飛行船って斜めに飛ぶんだ。俺、まっすぐ飛ぶと思ってたら……。なるほどねえ。それは、川を向こう岸に渡ろうとする人が、まっすぐ渡ってばかりいるとどんどんどんどん、流されちゃうから斜めに渡るみたいに、きっと風上に向かって船首を上げてくみたいなもんじゃないの？

小林　うわー、ほんとに斜めに流されてます。

小三治　だから多分、今、東から風が吹いてるんですよ、これきっとね。だから向こうへ向こうへ行こうとして。東、向こうでしょ？

小林　（笑）はい……。小三治さんは東とか、ここから何百メートルとか、早稲田通りと明治通りのぶつかった右の角とか、そういう表現よくなさいますよね。「あっちの方」とか適当なこと言わないんですよね。「東の方」とか、「右に曲がって二百メートルくらい行って、二つ目の歩道橋を越えたらすぐのツルハ薬局を左に曲がる」とか。

小三治　じゃあ、何て言うの、そういうとき。「向こう行ってあっち行って……」。

小林　「あっちの方」とかいうのがないんですよね。

小三治　へー、自分じゃわからない。そういう嫌らしい人間？　俺は。

小林　（笑）撮影終わりました。行きましょうか。

小三治　私くらいの年になるとね、一度座るとなかなか腰が上がらない。北海道をね、北海道じゃなくてもオートバイで回ってる頃ね、もうオートバイに乗り始めたのが四十一ですからね。で、あなたくらいの年が一番オートバイが盛んだった頃、私が。そうすると、仲間で大勢わーって行っても、じゃあここらでコーヒーでも、って言っても、そのコーヒーが長いのなんのってね。

小林　それはみんながみんな、コーヒー好きなんですか？　それとも小三治さんが長くしてる？

小三治　いやー、うん、まあそうなのかなあ。俺が行くって言えば、みんな行くからね。

小林　よお、早く行こうぜ！　とか言う人もいないんですか？　そのバイクのグループでも、小三治さんが一番お兄さんだったんですか？

小三治　まあ、そうだよね。

小林　じゃあ、その人がお茶が好きだって言ったら、もうお茶飲むしかないですよね。

小三治　それでみんなが、「またお茶かよー」とか言いながら、結構それを楽しんでるっていうね、そういう仲間でした。もっとも、オートバイっていうのは風に吹かれて、肉体的にはとてもやっぱり疲労するっていう……。

小林　だから、休みたくなる。

小三治　そう、いっぺん休むと、もうずーっと腰が上がらない。

（東京タワーへの坂道にさしかかり）

小林　確か小三治さんは東京タワーに縁がある……んでしたよね？

小三治　縁？　縁ねえ。東京タワーができたときに、この今、目の前にあるタワーの中のビルっていうか低いビルがありますね。この中にね、TBS館っていうのがありましてね。TBSだったか東京放送だったかっていうのがあって、その頃、TBSっていう言葉なかったかな、JOQRだったかな。

小林　ラジオ局？

小三治　そう。で、ラジオの番組で、のど自慢の演芸版っていうのかな。

小林　素人の方が出て？

小三治　そう、素人の落語とか漫談とかそういうものを、ラジオでできるものだから、手品とか奇術はなかったよね。そういうもので、出て来て、鐘をならすっていう番組があったんですよ。

小林　じゃあ、噺の途中でカンカン、って鳴らされる場合もあったんですか？（東京タワーの下に来て）あ、この茶色い建物ですか？

小三治　これかどうかはわからないけど、建て直したかもしれないけど、この、タワーの股ぐらに立ってる中にそういうところがあったんですよ。それは、東京放送だけだったのか、各局あったのか知りませんが、その番組に出てて、私が結構素人のくせには、まあスターだったんでしょうねえ。毎週、いやってほど合格して、連続、えーとね……（息切れ）。

小林　あはは、坂道の……。

小三治　今、坂道上がって来たからね、息が切れちゃった。

小林　（笑）

小三治　坂道上がりながら喋らせないでくれない？　それでその、鐘を連打する、合格すると、次の週の出場権を得られる。そうじゃないと、予選があって、なかなか大変なんです、予選を生き抜いてくるのが。それが、合格すれば次の週の出場権を得られるっていうんでね、それで、まあ早い話が、ずっと出てたんですよ。

小林　どれくらいの期間ですか？　何週くらい？

小三治　十五回でやめたんですね。ちょうど、受験のときだったものですから。ちょっと受験があるからって……。そんなに受験したいわけじゃないんだけど、まあなんとなく、心の緊迫感っていうんでしょうか……。

（カメラマン田尾さん、記念撮影用の東京タワーのボードを見つけて）

田尾　この前で撮りたいです（笑）。

（二人ボードの前で、手で顔を隠しながら）

小三治　俺はこういうのが最も……。

小林　最も嫌い？（笑）まさかこんな目にあうとはね（笑）。いや、ほんと、恥ずかしい……（笑）。

田尾　辱めにあわせてすみません（笑）。

（二人撮影が終わるのをじっと待つ）

小三治　ほら ー、修学旅行がいっぱい通るよ、これ……。

小林　あはははは。

小三治　しかしさあ、この頃東京タワーの人気が上がってるんだって？

小林　そうですよ。スカイツリーのおかげで。

小三治　スカイツリーのおかげで廃業するんじゃないかと思ってたんだけど。そうじゃないんだってね？

小林　ねえ。

（東京タワーに入って）

小林　わーなんか、きれいになった。（急に前の話に戻る）それで、勝ち抜いて。

小三治　そう、勝ち抜いて。なんか人気者だったらしいんですよね。「明星」とか、「平凡」とか。

小林　えーっ。「明星」とか「平凡」ですか。

小三治　うん、そういうとこ載ったり。
小林　へー、すごい。もはやアイドルですねえ。
小三治　言ってみれば、一躍、素人のくせにスターって扱いになって。それはどのくらいのスターだったかっていうと、録音のスタジオに修学旅行の子供が先生に引率されて来て、通路に座って見てるっていう。
小林　小三治さんを?
小三治　そう、見たいために来る。
小林　へー、すごい人気ですね。
小三治　それでそういうのがあったんで、ここのタワーがオープンして、東京放送館に、素人寄席で私が一人でやってる、っていう写真のパネルが飾られたことがありましたね。でも嬉しくて人に言いふらしたりってそういうことはなかったですけどね。
小林　その収録は日曜日だったんですか?　学校がないときにやってたんですか?
小三治　いや、学校があるときに。でも、授業に支障はなかったけど、その録音録《と》る日は、授業中に落語全集を机の下でそおっと読んでた。

ルックダウンウィンドウ?
英語つかやぁいいってもんじゃないよ。

(エレベーターで大展望台に到着)
小林　(景色を眺めて)おーやっぱり。
小三治　高いですね。高いね。
小林　あ、スカイツリー。
小三治　宿敵スカイツリー(笑)。
小林　わ、すごい。お墓がこんなにあるんですね。ほら。
小三治　うおー、ちゃんとお墓があるんだね。増上寺のお墓がね。
小林　高いところ、大丈夫ですか?
小三治　大丈夫です。いや大丈夫じゃないんですけど、大丈夫です。

小林　大丈夫じゃないっていうのは……。高所恐怖症ではない？

小三治　いやいやいや。やっぱり怖いですよ。怖いけど、身がすくんで動けないっていうことにはならないかもしれないけど、かなりそれに近くなるね。でも、そこを梯子《はしご》で降りろって言われれば梯子で降りますけど。

小林　勇敢！　上、行ってみますか。一番上の展望台。

小三治　もう、あなたにお任せします。今日はもう、あなたのね、ご招待で、お邪魔させてもらってるんだから。

小林　いえいえいえ、もう……。

小三治　しかしそれにしても、その私の記憶にある東京タワーの景色の中ではあまりにも周りに高いビルができすぎましたね。こんなにね、にょきにょきにょきにょきすごいよ、これ。

小林　あーそうですか。あ、新宿はあっちの方ですよ。ほら、都庁が。

小三治　今、その辺に議事堂が見えましたけどね。ビルとビルの間にね、ちっちゃく挟まって。

小林　あれは赤坂のニューオータニ。

小三治　ああ、ニューオータニ。そうやって見ると、どこもここもなんか望遠レンズで写真撮るみたいに遠近感がなくなっちゃうね。こんなに周りに、きっとこのビルたちは東京タワーに負けないようにってつもりでそれぞれ建てたんでしょうけど、そう思う人が大勢いたとみえて……。

小林　そのパネルが飾られてた頃の東京タワーは、周りにこんなに高い建物はなくって、普通の民家みたいなのばっかりですか？

小三治　民家とは言わないけど、こんなねえ。東京タワーを何するものぞ、みたいな感じでねえ……。多いですねえ。いかに東京タワーに見習って目立とうとしたのか。なんか、ちょっとね、情けない気もしますね。

小林　森タワー、あんまり変わらないですもんね、目線の高さ。

（さらにエレベーターに乗って特別展望台へ）

小林　到着～。なんか空気が薄い気がする。

小三治　ここが何メートルだって？

小林　二百五十メートル。

小三治　ふーん。そう言われるとなんだか空気が薄い気がする。

小林　せっかくですから、時計回りに一周しましょう。

小三治　高い、やっぱりねえ。

小林　高いですね。

小三治　（手すりを摑んで）何かに摑まりたくなるね。

小林　（笑）もう摑まってますよ。

小三治　怖いのかな、やっぱり俺は。

小林　でもあんまり顔に出ないタイプですよね。

小三治　それはもともと……。

小林　忍者の修行でね（笑）。

小三治　そう、忍者の修行で。顔には出さないけど。これちょっとさあ、こんなに高く上がってきたけど、まだ負けないビルがあるじゃないか。

小林　ほんとですね。

小三治　二百五十までできたんだろう。

小林　あー、やっぱり新宿方面はビルが多いですねえ。あの、前にあるのは代々木公園、か？

（その他、新宿御苑、青山墓地などの方向を確認）

小三治　揺れてる揺れてる。

小林　嘘ですよー。

小三治　本当だよ。揺れてる揺れてる。

小林　（笑）揺れてないですよ～。皇居ですよ、あれ。江戸城跡。その向こうが武道館。

小三治　あ、あれが。へえ、そうしてみるとなるほど、江戸城と増上寺ってのは近いんだねえ。てことになるでしょ。あそこが江戸城ならね。へえ。なんだ東京って狭いんじゃねえか。

小林　地上だと建物があって先が見えないからあれだけど、建物なければ結構歩いていけそう（笑）。

小三治　狭い。

小林　それにしてもお墓多いですね。増上寺にお墓で、あっちも……。隙間にもある、お墓が。

（大展望台に降りて、床がガラス張りで下が透けて見えるところへ）

小林　大分低くなりましたよね？

小三治　うん、さっきより揺れが少ない。

小林　本当に揺れてました？（笑）……こっちですよ、透けてるところ。「ルックダウンウィンドウ」だって。

小三治　ルックダウンウィンドウ？　英語つかやぁいいってもんじゃないよ。

小林　うわー、これ。ルックダウンウィンドウ。

小三治　わー、割れそう。

小林　えーい！（ルックダウンウィンドウに飛び乗る）

小三治　よくそういうことできるねえ（笑）。こええ。昔はね、こんなルックダウンなんて結構なもんじゃなかったですよ。立て付けが悪い、隙間から下見ると、ひえーこええ、って感じだったよ。いやー、怖いねこれ。どうする？　片足乗せてみる？　体重乗せてみる？　うわー、怖い。今ね、足の裏から股ぐらにかけて、じわじわじわじわ、なんかね……（笑）。

小林　でも立ってるよりへりにいるほうが怖い。

小三治　あー、だめ。しびれみたいなものがジリジリジリジリ上がってきた。おっかねえ。なんでこんなところで私は頑張ってなきゃいけないんでしょうねえ？

小林　（笑）本当ですねー。

小三治　でも忍者はね、そんなことでいちいち、心を動かしてちゃいけない。

（お土産売り場にて、マネージャーの倉田さんに）

小三治　なんか、買ったほうがいいんじゃないか？

倉田　いいですよー（笑）。

小三治　ほら、東京タワーが売ってるじゃないか。

小林　このキャラクター、ノッポン君って言うんだ。お孫さんに、ノッポン君どうですか？

倉田　あ、これいいなー。

小三治　いいならもう、ぱっと買っちゃいなさい。これかい？　じゃあ、買ってやるよ。いくら？　百円？

小林　あれはどうですか？　東京土産「努力」。

小三治　努力はねー、なんか、三遊亭圓歌が好きそうな（笑）。

倉田　師匠ほら、東京タワーキャンディ。

小三治　欲しいってなら買ってやるけど、俺はいらない。江戸っ子だよ。

まず先に注文するのは、せいろ五十枚。え、あの、十五枚じゃなくて五十枚？

（東京タワーから降りて、タクシーで巴町砂場へ移動の車内にて）

小林　あー、お腹空いた。これから行くお蕎麦屋さん、小三治さんは……。

小三治　もう、何年になりますかね。生まれたときから知ってたわけじゃないですけどね。やっぱり、何かの雑誌の取材で連れてかれたんですよ。お蕎麦屋さんを訪ねるっていう。

小林　最近行かれました？

小三治　最近は、えーっといつだか行きましたね。毎年自分ちの家族で年越し蕎麦を食べに行ってたんです、三十一日に。毎年。

小林　じゃあ、去年も？

小三治　それがね、こないだの大晦日は、あのお店が老齢化してしまってとてもできなくなったっていうんで、一昨年の大晦日のときに「もうこれでおしまいです」って言われたんです。だから蕎麦屋さんそのものがしまいになるのかなって思ってたら、蕎麦屋はやるけど、年越し蕎麦はおしまいです、と。大変らしいんですよ。確かに大変だね。

（大きな工事現場を通って）

小林　またこれはすごいビルができてますね。なんだろこれ。すごいですねー。

小三治　上に上がってよくわかったのは、いかに周りに心意気で次々高いビルを建てていったか、っていう。それがよくわかりましたね。ほんとに長い時間かかってああいうふうに変わっていったんでしょうけど、久しぶりに来た私には、なんか雨後の筍《たけのこ》のようなにょきにょきにょきにょきって生えてる、しかも展望台より高いビルを作っちゃうっていうねえ。そんな高いビル大丈夫かよ、って以前なら思ったんでしょうけど、東京タワーが頑張ってるんだから、こっちもやってやろうっていう、そういう心意気っていうか、あるんでしょうねえ。

（巴町砂場に到着。小三治さんおすすめの温かい山かけを注文する）

小林　本当にたくさん歩いていただいてすみませんでした。ありがとうございました。

小三治　いやいや、これからですよ、勝負は（笑）。ここはうちでね、年越し蕎麦何人で来ますかねえ。一族郎党全部合わせると、子供までみんな入れると十人以上になりますね。

小林　へぇー。

小三治　それでね、お蕎麦なんてものはもともとね、それでお腹いっぱいにするもんじゃないんですよね。ちょっと軽くすすって、つなぎにちょいと食べるっていうものなの。それがね、うちの年越し蕎麦は田舎の宴会みたいにね、ハハハ、腹減らしてね、とことん腹減らして来るんですよ。

小林　じゃ、いろんなもの食べるんですか。みんな山かけってわけじゃなくて？

小三治　山かけはね、長男の嫁がたまたま注文したら美味しかったたっていうんで、「お父さん食べてみてください」って言うから、嫁が言うものには逆らえないからね。

小林　（笑）

小三治　で、食ったらね、本当にうまかった。

小林　おつまみも豊富ですね。卵焼きとか。こういったものを食べるわけですね。

小三治　いや、食べないですね。

小林　あ、お蕎麦ばっかり？

小三治　ええ、蕎麦ばっかりです。

小林　蕎麦ばっかり。年越し蕎麦。

小三治　いきなりここへ来てね、まず先に注文するのは、……せいろ。せいろ五十枚。

小林　……え？

小三治　それでも足んないです。

小林　え、あの、十五枚じゃなくて五十枚？

小三治　五十枚、ええ。

小林　十何人で!?

小三治　そう。うん。そんなもんペロペロッ。少ないんだから一人前が。そうするとね、年越し蕎麦でうんと混んでんですよ。周りの待ってる客がそのうちね、「まだですか？」。そうするとね、このおかみさん、「すいませんね。こちらさんが五十枚頼んじゃって」「えー？　何それ」みたいな、とても白い目で見られちゃう。

小林　それは、多分、郡山家が来ないように年越し蕎麦しないようになったんじゃないですか（笑）。

小三治　そうなのかなあ。

小林　大変だから（笑）。「おいおい五十枚かよお」みたいな（笑）。

小三治　それで、そうね、みんながメインに頼むのは、天せいろ。
小林　さらにメイン（笑）。
小三治　それでね、「砂場」って名前ですけど、蕎麦は江戸っ子のもんだとかって言われて、だから、うどんは江戸っ子はあまり好きじゃないと。それは落語の中でもよく話してますけど、だけど、もともとは両方とも上方《かみがた》から来たんですね。
小林　うどんも蕎麦も？　へぇー。
小三治　で、蕎麦は大坂城を建てるときに、その飯場に材木を積んだり、それから石が積んであったり、あるところには砂が積んであったりして、そこを砂場というんですけど、その砂場のそばで蕎麦屋がやってた。つまり、お城を作る人夫たちのためにそこで開業したんでしょうね。
小林　そこで始まった？　砂場、蕎麦屋。
小三治　うん、そうそうそう。
小林　へぇー。
小三治　そこから始まった。それはここの大将って人に聞いたんですけどね、「あ、なるほどね。わかりやすいね、それは」っていう。でも、その後、いろんなところでそのウンチクが語られてるのを見るとやっぱり、それぞれみんな解釈のしかたは違うけど、大坂城の砂場からっていうのは。
小林　大坂城の砂場が始めなんだ。へぇー。
小三治　だってね、うん。
小林　豆知識。面白い。
小三治　それで、まあ、よく言われるように、お蕎麦はこういうつゆにちょこっとつけて、あんまりたっぷりつけたりとかはしないもんですよね。でも、ここの親父は「好きなようにやればいいんです」ってなこと言ってたけど。いわゆる江戸っ子の蕎麦だって粋がってるふうではないんですね。例えば浅草の並木の藪蕎麦とか、藪蕎麦系は大体みんなしょっぱいですから。それはどうしてかっていうと、江戸っ子はつゆをたっぷりつけて食べるっていう習慣を好まなかった。「江戸前じゃねえ」ってなこと言って。江戸前じゃねえったって、もともとは大阪から来たものなんだけど。だから、こうやって箸でこうつまんだものを、先のとこをちょっとつけて、あとはすすって、で、おしまいのところにちょっとからみが来る。これはもうピリッというぐらいからい。「これがいいね、江戸前は」ってなことを言ったんですよ。噺家になってからそういうこと聞いて、そういう食べ方もしてみましたけどね、とくにそれが江戸前だと思わないけど、でも、いっぺん聞くとね、やっぱりなんか江戸っ子になりたいもんですから、そういう食べ方してたら、やっぱり蕎麦のつゆをどっぷりつけるっていうのは、ちょっとしなくなりましたね、私もね。ここは甘いですから、このたれはね。だから、ほかのところよりもたっぷりはつけますけど。

隅っていうか壁際のとこへね、ペタッと張りついて。

編集　お二人の出会いは……？

小林　四年ぐらい前に、友人に誘われて初めて小三治さんの独演会を見に行ったんです。そこで、「なに？　この人。落語ってこういうのだったの？」と衝撃が走りまして（笑）。それから、自分でも感心するほど高座に通い、ますます釘付けになり、一昨年の、忘れもしない（笑）四月三十日の落語研究会の楽屋で、初めてご挨拶させていただいたんです。たまたま落語研究会やってる制作会社に知り合いがいて、差し入れを預けようとしたら、「じゃあ、せっかくですから直接お渡しになったらいい」みたいなことを言われて。「えー、そんなー」とひるんだんですけど、でも、一生に一度かもしれないしって、奮起してね、行ったらもうね、あの楽屋の雰囲気がまた緊張する雰囲気なんですよ。

小三治　うん。で、その会社の責任者みたいのが来てね、「ナニナニさんがお見えになってます」。「え？　え？」私はよくわかんねえからね、「ああ、そうなの？　うん、はあ、はあ、はい、わかりました」みたいな感じだったんだけど、ちっともわかってないんだよね。そして、私が一席終わって、もうトリでしたからあと誰も出ないんだけど、着替えをしているときに、なんか楽屋の中と廊下でざわざわざわざわ、人が出たり入ったりバタバタして、「え、本当？　本当にいるの？　本当？あ、本当だ」とかそういう声が聞こえてきて、何だろうと思ってね。それで、私は帰るしたくをして廊下へ出た。で、歩き出したらば、その会社の責任者って人に、「こちらが小林さんです」って言われて、「え？」っつったら、廊下の隅のところへ、隅っていうか壁際のとこへね、ペタッと張りついて。

小林　消え入りそうに（笑）。

小三治　地味ーにね（笑）。それで、「こちらが小林さんです」。「え、ああ……あ、そうですか」って言ったんですよ。で、チラッと顔見たけど、全然見たこともない人でね。だから、全然記憶にないんですね。なかったんですよ。

小林　ねえ。

小三治　そしたら、何か言ったんですね。本当に口の中で消え入るように、にょにょにょにょによって何かね。

小林　（笑）

小三治　なんか、むにゃむにゃむにゃむにゃ、にゃごにゃごっていうような感じで何か言ったんですよ。だから、「何ですか？」とかそういうようなことを聞かずに、ああ、まあ、そうなんだろうと思って。そのときは私も何言ったかよくわかりませんけどね。何かそのとき差し入れしてもらった、頂戴しました、ありがとうって言ったの、かなあ。

小林　あのときの楽屋の雰囲気は、とくにその落語研究会ってほかの落語会とちょっと違って、だから雰囲気がものすごいこう、キーンとしてるんですよ、雰囲気が。

小三治　キーンとってどういうことですか。

小林　なんかみんなの緊張が張り詰めてる感じ、廊下が。で、お帰りになる小三治さんを送り出すのに、みんなが廊下で並んでシーンと待ってる感じで、コソコソささやき声もみんなに聞こえるような、そういうシーンとしたキーンとした雰囲気で。で、そこでみんなもう耳がすごいダンボになってるのがわかる。私がこう寄ってってって、どういう挨拶するんだろうっていう、聞かれてるなっていうのもあったし。小三治さんは絶対私のことはご存知ないと思ったから、ちゃんと名前から言わなきゃいけないと思って、「俳優をやっております小林聡美と申します。小三治さんのファンで、いつも拝見させていただいてます」みたいなことを多分、すごいちっちゃい声で、小三治さんにだけ聞こえるぐらいの声で。

小三治　うん。小さい声で大体早口ですからね。

小林　そうそうそう。

小三治　もにょもにょ。

小林　緊張すると余計早口になるし（笑）。で、みんな聞いてると思うとなんかね、聞かれたくないみたいなね。

「え？　小三治ととんかつ？　ありえない」（笑）。

編集　そもそも小林さん、落語に興味を持ったのはどういうきっかけですか。

小林　どうなんでしょう。最初、小三治さんの落語を見て……。

小三治　それを知りたいですよね。何でですかね。

小林　何なんですかね。

小三治　おかしいですよ。

小林　（笑）きっかけですか……。んー……。でも、私たち、回数見てますからね。

小三治　うん。回数は激しく来てますね。

小林　激しく見てますからね。見始めて四年ぐらいでまだ新参者ですけど、多分、密度的にはものすごい見てます。多分もう百回ぐらいは見てますよね、きっと軽く。

小三治　ああ、おそろしいですねえ。

小林　月三、四回行くときもありますよね。

小三治　………。

小林　一回のときとかもあるけど、多分平均二回は。

小三治　月に二回ってことはないでしょう。出てる寄席にも来るし、その合間に別の独演会に来たりもしてくれるしね。

編集　最初のご挨拶から、どういうご縁が？

小林　結構アクシデントが多かったんですよね。アクシデントで出会うことが。

小三治　ああ、そうだね。

小林　駐車場で（笑）。

小三治　そうそう。

小林　ある落語会を見終わったあとにコインパーキングに停めてた車で帰ろうと思ったら、フラップがおりなくて。で、パーキングの会社に電話したら、修理の人が来てくれるっていうんで、車の中でしょんぼり待ってたんですよ。夜ですよ。そしたら小三治さんの車が通りかかって、「どうしたんですか」って。

小三治　街中の小さい駐車場ですけどね。で、「どうしたんです？」って聞いたらば、全然動かないと。で、係の人が今来たんだか来てやってるとこですとかなんとか。これがなかなか埒《らち》があかなくて、こっちも行きがかり上ですから、どうなってるんだろうと思って見たりとか、まあ、そんなことがあって。寒いときでねえ。

小林　冬のね。

小三治　小林君は、「こっちはかまわないで、どうぞお疲れでしょうから先へおいでになってください」ってとても恐縮してたんですけど、なんかそこでは「じゃあ、お先に」って行けないような。

小林　（笑）

小三治　車一台、彼女が一人でしょう？　なんかかわいそうじゃないの。とか、そういう入り方だったでしょう？　そういう入り方すると、その人については、何も小林君だけじゃなくても、最初の出会いってのは案外そういうものがずっとついてまわりますよね。

小林　それから、ある独演会の帰りも、その会場の駐車場が混みすぎて、お団子状態で立ち往生しているときにもね、倉田さんが私を発見してくれて。

小三治　ああ、そうだそうだ。

小林　それで、「師匠が一緒にとんかついかがですかっておっしゃってます」って。こっちとしては、「え？　小三治ととんかつ？　ありえない」（笑）。

小三治　そう。あれはね、埼玉県の志木ってとこでね。

小林　志木でね。

小三治　あんなとこまでねえ、わざわざ車で、まあ、来るのはね、いろんな人がいますから、いろんなとこから来るんで、来るのは勝手で、やめたほうがいいんじゃねえかって本心は私は思ってますけど、まあ、来てくれる人は来てくれるんですね。困ったもんです、本当にね。

小林　すみません（笑）。

小三治　それで、そのときも噺の枕で世間話の中で、「美味しいとんかつ屋があってね、高田馬場なんですよ。そこは人に教えないんです。教えるとその店が混んじゃって困るから」とか、「それでもこの頃ちょっと混み始めて。インターネットで誰か載せるやつがあってから、本当にもう、私が行ってもなかなか食べさせてもらえないみたいな、それは困るから教えないんですけど、すっごく美味しいんです」っていうような話を思わせぶりたっぷりにして。それで、終わって、「なんか枕であんな話したら、これからとんかつ食いに行きたいね」っていうのをうちのマネージャーなんかと、弟子やなんかと話をしてて、で、出ようと思ったら駐車場の向こうで、まだいたのかよっていう感じでなんか手こずってるみたいな。

小林 全然出れないみたいな（笑）。

小三治 で、「あ、小林さんですよ」ってうちのマネージャーが言うんで、「あ、そうかい」って。「それじゃあ、噺の中であれだけもったいつけてやったんだから、ちょっと誘ってみな。無理にじゃなくていいですから」つって、それで、うちの女の子が、女の子ったってもういい年ですけど、話してるうちに喜び勇んで帰ってきて、「一緒に行ってくれるそうです！」なんつって、それで、とんかつ屋へ一緒に行ったとかっていうのが、近しくなるきっかけだったかもしれない。それで、あとはですね、なぜこの人とこんな近くなっちゃったのかっていうと、「この人」なんか言っちゃいけませんね。この方と……。

小林 （笑）

小三治 スターですからね。近くなっちゃったのかっていうと、私がほとんど毎日行ってる喫茶店があるんです。東京にいれば必ずそこに行く。あそこに一緒に行ったんですよね。なんで行ったんですかね？

小林 とんかつの帰りです。

小三治 あ、とんかつの帰りに。ああ、そうかそうか。きっとそのときに、小林聡美さんという方の物腰や、それから持ってる雰囲気、オーラっていうようなものが、とても私は快かったんだと思うんです。

小林　…………。

小三治　ええ。なんか……タレントじゃないんだけど、役者さんでも知り合いの人はいっぱいいるけど、その人たちと違って、「私が、私が」みたいなね、悪い言葉で言うとしゃしゃり出てくるところがまるでなくて。

小林　んー（笑）。

小三治　それで、その駐車場の蓋が開かなくて表に出られなくなっちゃったときの会場は、狭いとこだったんですよ。お寺のお座敷で、二十畳ぐらいですかね。で、その中に小林さんいるのに、わからない、どこにいるのか。

小林　地味ーにね（笑）。

小三治　それは見えないんじゃなくてね、そのときにはっきりわかったのはね、大衆の中に埋没することがとてもうまい。

小林　（笑）

小三治　必ずどんな人でもね……うん。雰囲気として持つものですよ。いわゆる役者であろうと芸人であろうと何だろうと。そういうものがないんです。それが小林さんは本当に、普通の人より目立たないみたいなね。

小林　忍者の修行的には相当ハイレベル（笑）。

やっぱり最初の「転校生」っていう映画。それはもうショックでしたね。

小三治　その落語研究会のときも、話は戻りますけど、バタバタ楽屋出たり入ったりしてるのも、そこらにいた若いものに「何だい、その小林なんとかってのは」つったら、「え、知らないんですか、師匠」って、私が知らないことをとても罪深いように楽屋中の者から言われてしまって、ああ、俺は世間知らずだなあ、恥ずかしいなあって思いましたね、そのときね。

小林　いえいえいえ。

小三治　でも、しょうがない。以前はね、噺家である以上は世の中の全てのことを知ってなきゃ噺なんかできないよと思っていたこともあるから、若い人の話題も気にかけ、若い人の好みの着てるものとか食べるものとかそういうものを気にしてたんですけど、もうとくに五十を過ぎてからはね、もう……もう付き合いきれないと。こんなに多種多様にわがまま勝手なことをされるんじゃ（笑）、とても付き合いきれないっていうんで、もう一切若い子と触れ合うことがなくなってしまった自分を反省することもなくなってたんですよ。「まあ、若い人たちは若い人たちで仲良くやってれば、俺は俺で自分の好きなことをやってるだけだから」って思えるようになってきたんで、それで、だからそのとき、まあ、それにしてもねえ。で、小林聡美さんという人がどういう人かってのは、家へ戻ってからあわてて調べましたよ。どんな人なんだか。

小林　映画も観てくださってました、とんかつのとき。

小三治　うん。それで、どこの誰から手引きされたのかわかんないけど、やっぱり最初の「転校生」っていう映画。それはもうショックでしたね。すごい人だな、この人はって。とにかくショックでしたねえ。どういうふうにショックかっていうとね、あの映画の中でね、最後の場面でね、好きな男の子が横浜だかどこかに越してっちゃうってときに、ひっそり現れるんですよ。その現れ方の風情といいね。もちろんそれはね、監督があってカメラマンがあってやることですけど、だけど、だからやってんじゃない、この人の持ってる感性ってものがすごく感じられて。それと、もう今思い出してもね、泣いてしまうくらい……。

小林　（笑）

小三治　最後のその乗ってるトラックを追っかけてって、それで、手を振るんだったか何かでっていうそのときの、その追っかける前のときかな。立ったときに足を組んでスッと立つんですけど、立って足を組むって変ですけど、こう前後させて、その形のねえ、何ていうの、いいっていうのかね、それがね、その少女の気持ちにピッタリなの。だから、もう演技してるって思えないわけ。

小林　………。

小三治　ええ。これはね、本当に天才だと思いました。どこまで監督がどう指示したんだろうって、すごくそのとき興味が出た。僕は映画作りって知りませんけど、もっと映画作りって、指の先まで監督がいちいち指示してやるのかと以前は思ってましたけど、そんなことはない。やっぱりその持ってる、何ていうのかなあ、雰囲気なんてそういう生易《なまやさ》しいもんじゃないな。それはもう思い出してもね、もう本当にこの目の輝き見てください。私の目の輝き。

小林　いやあ、アタクシどこに、どこに身を置いたらいいんでしょうか。本当になんかそういう……。

小三治　いや、すごい人だなと思ってね。

小林　いやいやいやいや。

小三治　この人を知らないっていうことがね、実に不思議な気もしたけど、知らないでいてよかったっていうのもありました。なまじっか知ってて、それと何か、とっても猫が好きとかなんとかっていうのがとても大評判だったんですってね。私、テレビ、あるときから見るの嫌いですから、よく人に言われると、「出るんじゃないですか」「ええ、出ることは出ますけど、見るの嫌いですから。テレビ見る時間があったらほかのことできますから」っていうんで。まあ、テレビで映画を見るとかそういうことはしてましたけど、それから、そんな時間があったら音楽聴いてるほうがいいとか、あとは自分の噺を覚える勉強とかそのための補助的な何かをやるとか、そういうことだけですごく時間ないんですよ。

小林　はい。

小三治　でもね、テレビにいたんですね、こういう人がね。テレビにときどきは出たり、それから映画に出たり、まあ珍しいというか、こんな人いるのかなと思って。でも、そうすると、その十いくつのときにあの演技をできたっていう。例えばどう周りから注文されたのかわかりませんけど……。

小林　（笑）

小三治　それはね、ショックでしたね。ものすごい。これが、あの楽屋でごにょごにょ言ってた……。

小林　あの人かみたいな（笑）。

小三治　そう。そうそう。

小林　同じ人か、みたいな。

小三治　そうだよ。同じ人か、だよ。何なんだ、廊下に立ってたあの女は。あの女は何なんだよって。

編集　とんかつ屋さんで小林さんはどうでしたか？

小林　いや、超緊張しましたよ。嬉しかった、すごく嬉しかったですけど、もうなんか、現実のこととは思えない感じで。ほとんどお話ししなかったですよね、私たち（笑）。

小三治　そうでしたかねえ。

小林　「私のことはご存知ないですよね」みたいなこと言ったら、「はい、知りませんでした」って、「そうですよね」って。もちろん知らないと思ってたので。でも、私もそれが、むしろよかったなというか。私としても私という人を知らないでいてくれて、よかったなと。

小三治　私もね、もう少し若い頃だったらば、「ええ、ときどきはなんかお見かけしたような気もするんですけど」ぐらいのこと言ったかもしれませんけど、そういうね……そういう嘘というか、何も自分を飾らなくたっていいじゃねえか、知らねえものは知らねえって言っちゃえっていう、そういうふうに生まれ変わってましたから。

小林　別に知らないって言われても知ってるって言われても、別に私の中では何も動かない（笑）。

小三治　ああ、そうなの？

小林　「え、知らないんだ、この人」ってことで、別にガーンとなったりとかない。

小三治　そう？　いや、だって、知らないなんか言われたりしたら、「え、私ほどの人を知らない？　何この人」って。

小林　いえいえ、全然そんな、全然そんなこと思わない。知らないで当たり前っていうか、知られてるというふうにあまりもとから思ってないので。

小三治　うん、いや、まあ。

小林　変に「知ってます」って言われるよりは、まったく知らない人のほうが私も安心するみたいな。でもあのときの小三治さん、マイケル・ジャクソンみたいでしたよ、志木の。「あ、これからとんかつ食べるんだ」って緊張して楽屋の外で待って、出てきた小三治さんは、マイケル・ジャクソンみたいでした（笑）。なんか雰囲気が。ダウンベスト着て、帽子かぶって。何かこう雰囲気が。「うわっ、マイケル・ジャクソンみたい、小三治」（笑）。

小三治　そんなこと言われたことないな。マイケル・ジャクソン？

小林　マイケル・ジャクソンみたいでした。それいい意味でですよ。ステキだなって。別にマイケル・ジャクソンのそんなすごいファンじゃないですけど（笑）、「うわ、マイケル・ジャクソンみたい」って、そんな感じで。

編集　でも、そんな会話が弾まないとんかつのあとに、じゃ、コーヒー行きましょうかっていうふうに思われたんですよね。

小林　そうなんです、ご親切に。

かつ屋ってのはここなんだってことを、まあ、普通の人には教えないけど、ありがとねって意味で。

小三治　ええ、そうですね。

小林　多分、だから、とんかつ屋さんが混んでて、あまり落ち着いてお話しするっていう雰囲気じゃなかったからってことかもしれない。

小三治　うん、そればっかりじゃないですね。役者でもタレントでも声かけて一緒に飯食いに行ったりすることはありましたし。だけど、その人は必ず、何ていうかね、声かけてもらったお礼にって、その場を取り持とうとかっていうようなふうになるんですけど、この方は大衆に埋もれてね、存在がないんですよ。

小林　すみません（笑）。

小三治　だから、気に入らないのかなとも思ってるんです。

小林　いいえ、全然そんな。超緊張ですよ。

小三治　でもね、気に入らなきゃ気に入らなくたってしょうがねえ。俺はただ気に入ってんだよと。気に入ってるからここへ食いに来て、で、さっき、わざわざ聞きに来てくれた噺の中で噂してたとん

本当にもう奇跡的に絶妙なバランスで、東京やなぎ句会は四十年。

（小三治さんが属する「東京やなぎ句会」に倣って句会を始めた小林さん）

小林　小三治さんは、俳句はあれですよね。多分、真面目な性格とお見受けするので（笑）、始めた頃は、俳句って何だろうと、すごく勉強されたでしょう？　きっと。いろいろ読んだりとか。

小三治　うーん、そうでもない。

小林　あら。でも、やなぎ句会ではぶっちぎりに若手なんですよね。

小三治　そうですね（笑）。ぶっちぎりに若手。

小林　ぶっちぎりに若手で、一番下だから気楽な

ところもきっとおありになったのかななんて思って。

小三治　そうですね。私が二十九のときですからね。

小林　二十九ですよ。その当時、二十九で俳句やる人ってそんなに……。

小三治　いやいや、そりゃ世間にはいくらでもいたでしょうけど、俳句やる人が、俳句やる人そのものが今みたいに多くないですからね。

小林　え、今のほうが多いんですか。

小三治　多いですよ。今やたら多いです。

小林　そっかあ。楽しいですよね、でもね。

小三治　楽しいって俳句が楽しいわけじゃないんです。月に一回あそこへ行くと、なんか肩から荷が下りるよなって。普段の自分を忘れて、それぞれみんな、まあ、今となってはですよ。それぞれの世界でみんな活躍してるような人にはなったけど、もともと将来どうなるかわかんねえよなみたいな、まあ、俺が一番どうなるかわかんなかったけどね、年が若いから。あとは永六輔だって小沢昭一だって、もうそれなりの立場を確固としてたけど、でも、桂米朝っていう大師匠にしても、落語の道では先輩かもしれないけど、俳句の道じゃ同輩じゃねえかっていう、そういう生意気なとこが私はありましたからね。落語の世界にいる立場では、そういう先輩だ、後輩だって、形の上では区別しますけど、俳句会においては意識しないようにしました。

それで、だんだんその俳句の会が続いてくると、みんなもどうやらいつもの自分から、あそこへ行くと、何ていうの、スリップできる、タイムスリップできるっていうかな、抜け出して、あそこの空間に自分の身を置くことができるっていうことが、あの俳句会の連中それぞれが、むしろ逆に言うと、この日のために三十日生きてきたんじゃないかなみたいな感じになるんですよ。

小林　なるほど。

小三治　それには例えば、いっぺん始まったばっかりのときでしたけど、一年目か二年目のときに、みんな女房同伴でやろうっていうようなことで、赤坂のどこだか大きな鰻屋でもって女房同伴でやったことあるんですよ。さぞみんなの女房連れてきて、ねえ、いつもうち帰って俳句会がこうだった、ああだったって話して聞かせている女房を連れてくるんだから楽しくなるだろうと思ったら、まあ、その日はその日でそれぞれ俳句会の連中も、物書きもいますけど、みんな芸人ですから盛り上げますよね。盛り上げましたけど、そのあと、またやろうってことを誰も言わない。

小林　あはははは っ。疲れたなあって。

小三治　うん。そういうことで結局、自分たちだけの憩いのオアシスだなっていうようなふうになってったんですね。それはやっぱり長いことやってるうちに……何だろうな、メンバーの中のうまく出張るところと遠慮するところと相手を立てる、ここはこの人今立ててるなと思うと、みんながワッと立てるとか、そういうような大人の社会の、でも、そこへ行けば社会のことは忘れてると。まあ、多分、全部男だからでしょうね。男の感受性のような気がしますね。

小林　確かに私たちは女だけなんですけど、あ、投句のみの参加の男性もいますが、でもやっぱり女だけって楽で楽しいですよね。仕事がみんなバラバラですけど、だから……。

小三治　そう。バラバラがいいですね。で、集まったときにそれぞれの、ああだったよ、こうだったよってのが、それぞれ抱えてる世界のことを聞くことができるっていうのが。

小林　すごいもう、お喋りに花が咲いちゃって大変ですよね。

小三治　そうそう。だから、俳句会といっても俳句作るのは、時間が来れば、「あ、そうかそうか、やんなきゃ」ってやりますけどね。

小林　そうそうそうそう（笑）。

小三治　でも、どこかで「俳句がうまくなりてえ」と思ったり、うまい友達のことをうらやましく思ったりはするけども、まあ、「俳句はうまくなくてもいいんだ」、ひいては「俳句は俺に向いてないな」ってわかり始めたのが、もう何十年、始めて三十年ぐらい経ってからでしょうかね。

小林　え、三十年経ってから（笑）。じゃ、三十年間はすごい頑張ったんですね。

小三治　そう、なんとか。なんとかこの中で一等賞になりてえとかさ。

小林　ああ、偉ーい。

小三治　ビリだけは避けたいとか思ってましたよね。だって常にビリだったんですから、私は。私と永六輔さんと常にビリですから。

小林　えー、永さんもビリなんですか。

小三治　だから、永六輔って人も、「あ、なにも俳句らしくやることないんだ。自分の世界のことを自分の言葉で歌って、自分が楽しきゃいいんだ」っていうふうにきっと思ったんじゃないですか？　それからすーごいよくなりました。で、そういうことにも影響されて私ももうこの頃は、人に選ばれようなんていう句は全然ないですね。自分に何があったか。自分がどう思ったことがあったか。将来自分はどう思いたいか。

小林　なるほど……。

小三治　昨日の俳句会で作った句は、私は、昨日何人いたんですかね。八人ぐらいいたんでしょうかね。それの昨日は好成績のほうで四等賞なんですけど、それで作った句でみんなが選んでくれたのは、「入学」って題が出たんです。「入学の孫から来たる手紙かな」って。これも、たったこの簡単な言葉になるのにすっごく難しくて。入学のこの子から来た手紙には何て書いてあったかというと、「じいじ、お祝いをありがとう」っていうんですけど、その「お祝いの礼を言う孫の手紙来たる」とか、何か触れたくなるんですよ。でも、最終的には何も書かなかった。書かないけれども、「書かないとわかんないよね、これじゃ」っていう。だけど、わかんないのはわかんない場合もある。だけど、わかんないのが、「ああ、こういうこと言ってんだろうな」って、受け取ってくれた人たちが。そうすると広がってくる。自分が思ってたこと以上の広がりが出てくる。

編集　説明しないほうがかえっていいということもあるんですね。

小三治　そう。説明があると、ろくな句になりませんね。だけど、だけど、今度は逆に、それを受けて選んでくれる人たちのレベルがないと。

小林　そうなんです。それ大事ですよね。本当そう思います。だから、本当にもう奇跡的に絶妙なバランスで、東京やなぎ句会は四十年。ねえ。皆さんの感性とか知性とか、そういうものがいい具合にみんな揃ってて。

小三治　昨日もその「孫から来たる手紙かな」っていうだけで、多分みんなはわかってくれない。だって入学つったってね、中学に入学もありゃ、大学入学もあるでしょう？　で、この入学っていうのは小学校に決まってるんですよ、私のは。だから、「初入学」とか「初の」とか何か入れたいんだ。

小林　ああ、なるほど。

小三治　だけど、そういうものを全部取っ払って、パッと詠んだときに、これは小学校だろうなって思える人たちなのか、あるいは、それを期待するのは俺のわがままなのか、あるいは、この句が持ってる雰囲気からそういうものが香り立っているかどうかとかっていうものをちょっと考えるんですね。でも、あとになって考えたときに、人が選んでくれなかったときに、そこに「初」とか何か説明みたいなものが入ってると、すごく後悔するんですよ。わかってもらおうとしてるっていう。違う。わかってもらうために詠んでんじゃないんだ。自分がこれがいいと思うために詠むってことに決めたんだろう、おまえ。六十のときだかいくつかのときに。そうそう、そうでしたね。じゃあ、そういう恥ずかしいことはやめましょうつって。だから、人がわかってくれなくてもいいやっていう俳句を作ったり、それから、もう一個作った。ほかにも五句作るんですけど、「春嵐」というのが宿題だったんですけど、それは小林君がこの前ゲストに来て……。

小林　置いてった。

小三治　ええ。次の宿題を今日のゲストに出してもらいましょうつって、そしたら、小林君は自分が作んないからいいやと思ってね、難しい「春嵐」ってのをね。

小林　（笑）

小三治　そんな季語をよく知ってるなと思ったら、それはね、やなぎ句会で出した『五・七・五』っていう俳句の本があるんですよ。俳句の実況中継みたいな、まあ、くだらねえ本ですけど……。

小林　いやいや。みんな持ってます。

小三治　そこに「春嵐」という宿題が出たことがあった。兼題っていうんですけど、兼題が出たことがあったってていうのをどこかで覚えてたんでしょうね、頭のいい人だから。それで、それを出したんです。春嵐かよーって。で、私には、「春嵐」という自分の中の名句を持ってるんですよ。これは一生忘れらんない名句だと思うのがあるんです。だから、それはもう出してもらいたくない。だって、今度詠めば、そりゃ当然それ以上のものを詠みたいと思うじゃないですか。

小林　えーっ。すみませーん。

小三治　結局できなかった。できなかったけど、結局、二句出したうちの一句は、「誰《た》がための原発なるや春嵐」。これはね、まあ、わかりやすいですよ。わかりやすいけども、それと詩情もまことにポエムの世界からも離れてるかもしれないけど、今言わなかったら言うときはない。で、今の政府のやってる、結局やるのやらないの、昨日までやらないと言ってたやつがやると言ってみたり、やると言ってたやつらが今度野党になったら何だかんだっていう、もう本当にとぼけてる。いい加減にしろ、ばかやろうっていう。おまえたちの都合でやってるだけじゃねえか。一体この原発は誰のものなの？　みんなのためと思って電気を作って、それがいいと思った。俺たちもいいと思った。でも、こんなことになっちゃったらば、もう原発じゃなくても、川の水でクルクル歯車回してやっと電灯がつくんでも何でも、どんな不便してでも我慢してでも暮らしてこうよって気持ちになったのに、一体それをひっくり返して原発やろうとか、それをまた原発を外国へ売ろうとか、何なんだそれはと。だから……まあ、そんなことに詳しく何もここで憤ることはないけどね。そしたら、加藤武さんが、「怒ってんね、今。怒ってるね」ったから、「怒ってる、俺は」（笑）。

小林　（笑）おかしい。おかしい、加藤さん。

小三治　で、「誰がための原発なるや春嵐」。

小林　いいです。とってもいい句。

枕でお話しされる言葉のセンスとか、なんかすごく、楽しい、嬉しいみたいな。

小林　小三治さんを初めて拝見したのは何年か前の独演会でしたけど、全然それまで落語とかを見る機会もなく、落語っていう世界にはちょっとなんかこう。何なんでしょうね、見ない人ってなんで見ないんですかね。やっぱり大人の世界というか、難しい、わかる人にしかわかんないと思うから行かないのかな。それとも、逆に「笑点」みたいなああいうイメージがあって、ああいうのが落語なのかみたいにわかったふうになってるとか。何なんでしょうね。それで、誘ってもらって見に行って、「え、落語ってこういうものなの？」って思ったんです、私は。

小三治　「笑点」が落語だと思ってたわけ？

小林　いえ、そうは思わなかったんですよね。

小三治　でも、大体そうでしょう？

小林　「笑点」は……子供の頃見てて、ああ、なんかおじさんたちが着物着て、わいわい楽しそう、みたいな。それと落語は別ものだとは思っていましたけど、その後、落語に興味を持つような事件もなかったんですよね。そこに小三治さんですよ。それで、もうちょっと見てみたいなっていう気になって。で、その誘ってくれた友達が小三治さんの大ファンで、小三治さんのチケットを本当にもう、もういいよってぐらい取るんです（笑）。普通は取れないいんですよ、小三治さんのチケット。もう、根性で。しかも一番前とか（笑）。おかげでこんなにたくさん行かせていただいているんですけど。それで、見るたびになんか毎回違って、で、こういうふうに言いたいことを、思うことを率直におっしゃって、お客さんにへつらう感じも全然ないし、すごくね……共感、共感というとすごい簡単な言葉だけど、噺を聞いてると、楽しいって感覚とはまた違うんだけど、何だろう……。なんか嬉しい感じ？　気持ちがいい。それで小三治っていう人に興味が出てきて。だから、落語って、皆さん笑いに行くみたいな人が多いんですかね。どうなんですかね。私はそういうのとはまたちょっと違うと思います。

小三治　どうなんでしょうねえ。

小林　小三治さんの場合は、まあ、皆さん人間だからそうなんでしょうけど、本当に毎回見る回によって同じ噺でも……何ていうんですかね、空気感が違うというのか。もちろん体調なんかもあるでしょうけど。

編集　小三治さんという人柄に興味が出たわけですよね。
小林　人柄というか、才能？　センス？　だって、お噺は一緒なわけじゃないですか。もう知ってる、前聞いたことがある噺、その噺自体はね。でも、選ぶ言葉、枕でお話しされる言葉のセンスとか、そういうのがなんかすごく、楽しい、嬉しいみたいな、「ああ、その言葉選んだのね。さすが！」みたいな。
編集　嬉しいというのはいいですね。
小林　うん。なんか嬉しくなるんですね。そう、だからね、なんかこう……落語って何なんだろうなと思っちゃいますね。何なんですかね……（笑）。
小三治　いや、わかんない。自分じゃわかんない。自分じゃそんなに、やってるときは楽しいけど、聞いてる人が楽しいとも思わないけどね。
小林　それで見てて、なんかちょっと今日は元気なさそうだけど大丈夫かなと思ってると、終わりにものすごい巻き返しで盛り上がって、すっごいもう素晴らしい噺になって終わったりするときがあるんです。侮れないです。
小三治　（笑）
編集　お二人は独特の相性が合う感じですね。
小林　やっぱり、我々同じ惑星人だったんですかね。
小三治　そうだね。そうそう、だからね、最初この人に僕が思ったのはね、この人、地球の人じゃないよな。
小林　っておっしゃるんですよ（笑）。
小三治　どこかの惑星から来た、普通の人。それが私の最初のこの人の結論づけですね。向こうの世界で普通の人なんです。ここへ来ても普通の人かもしれないけど、どこかの惑星から来たんですよ。違うんですね。やっぱり何か違う普通の人。
小林　でも、小三治さんもその惑星の人なんですよね（笑）。

小三治　いや、隣の惑星（笑）。

噺家さんは、一人で全身全霊ですよ。本当に大変だと思います。

小林　落語を聞く前から、ちょっとそういう日本に関係することには興味があったけど、落語を聞き始めて実際に日本のことを勉強したくもなったし。本当に落語からもいろんなことを教えてもらって、まだまだ知らないことがいっぱいあるし、ちょっとこれ今しかないんじゃないか、タイミングは、みたいなことに気づき。だからね、落語とかみんな見たほうがいいと思います。

小三治　（笑）

小林　それは笑いに行くとか、そういうものだけを期待して行くのとはまた別の気持ちで。「テレビのほうがわかりやすくて、お金もかかんないし、楽しいし」っていうものと土壌が違うというか、笑いに行くだけの場所じゃないというか。もちろん楽しい場所ではあるんだけど。

編集　全然新しい世界が開けるというか。

小林　そう。で、最初は小三治さんを見たほうがいいと思います（笑）。

小三治　（笑）それはえこひいきだ。

小林　いやいや、本当に。だって寄席行って、「え、これなの？　寄席って」って思われる場合もあるじゃないですか。いろんな方出てらっしゃって。人にはいろいろ、好みもあるし。だから、自分の好きな噺家さんみたいな人、とりあえず見つかったら、その人を見る。見続ける。

小三治　見つかったら、その人を大事にしましょう。

小林　あははは。もちろん大事にして、で、寄席に行って、「あ、こういう噺家さんもいるんだ」っていうのも勉強になったし。同じ噺でもこう違うんだって思ったり、その人の姿形とか佇《たたず》まいとか居ずまいとかね、なんかすごいです。すごくいろんなことを感じますね。ただ笑いに行くっていう感覚じゃないんですよね。

小三治　今、話聞きながら何考えてたかって、そうだ、お客様が何をしに来たんだろうと思って俺はやってんだ。笑いに来たのか何だ。昔はただ、笑わせればいいと思った。とにかく笑わせるってことが第一番目の、あの何？……堤防？　それを乗り越える。もしかしたら、それが全てかもしれない。でも、いつの間にか俺は変わっちゃったんだ。みんなに笑ってもらいたいと思ってない。そりゃ笑ってもらいたいときもあるのかもしれないけど、笑わせたくてやってるわけじゃないから、笑わなくても別に、別に不満はないと言うとやっぱり笑うほうにとらわれてるんだってことになるけど、そうじゃなくて、笑わなくてもいいんですけど。

小林　そういう姿勢が高座からもすごくわかるので、なんかカッコいいなと思うんですよね。

小三治　逆に、なんでお客さんが来るんだかわからない。

小林　そういう姿を見たいんです、お客さんは。そういうふうに……。「今日の小三治はどうだ？」みたいな、「どんな感じだ？」みたいな。

小三治　まあ、だから、あなたみたいにそう感じてる人もいれば、そうじゃないのをよしとして来る人もいるんでしょうね、きっと。わからないなあ。いろんな人がいるからね。

小林　どっちにしても大変な仕事ですよね。全身全霊見られる仕事ですもんね。

小三治　うん、まあまあ、それはお互いさまだ。

小林　いや、私とかはだってもう後ろのほうで、寒かったら毛布巻いたりとか、楽したりとかすることができますし（笑）。音楽があったり、演出があったり……いろいろ助けてもらえる。でも、噺家さんは、一人で全身全霊ですよ。本当に大変だと思います。

小三治　……うーん、そうかな。そう言われても、あんまりピンと来ないですね。全身全霊なんてねえ、やってるわけねえんだ。

小林　（笑）でも、そうです。

小三治　適当。

小林　いやいやいや、絶対適当じゃないですよ（笑）。

編集　でも、そういうところが似てらっしゃる、二人が。

小林　そうなんですー。適当とか言って、私たちすごい真面目なんですー（笑）。

小三治　（笑）俺まで仲間に引き入れんな。そうですかね。

小林　適当って言わないと、なんか……。一生懸命なのがバレちゃう（笑）。

小三治　まあ、それは自分で言ってる（笑）。

小林　そうですよね。

小三治　一生懸命やると、つまんなくなっちゃう。

小林　そうですよね。

どこかの惑星の普通の人だよ。普通の人ってとこがいいよね。

小三治　今日、「東京オアシス」のＤＶＤもらったでしょう。楽しみ。

小林　ありがとうございます（笑）。

小三治　映画館で、いっぺんしか観てないんですけど。

小林　あまり観ると、ちょっと、いろいろなボロがちょっとね……。

小三治　いやいや、でも、もう僕はね、小林聡美のファンというより、小林聡美研究会。「東京オアシス」観に行ったときにね、新宿のピカデリーか、観に行ったときに感じたあの感情は、はたして自分の家へ持ってきてどう感じるんだろうかっていうこともまた面白い。でも、結局、ほとんどわかってないんですけど、なんとなく観終わったあとね、ああ、小林聡美だ、映画そのものが。だから、それがすごいっていうんですよ。そんなことを感じさせない。出てきてね、なんか細かい芸やったりね、なんとかおべんちゃら使うんですよ、大概の役者や映画はね。こっちに気に入ってもらおうと思って。でも小林君は何もないんですよ。演技何もしないんですから。ただ歩いてる。だけどね、何もしないことはないね。そこが悔しい。

小林　あははははっ。いや、私はだからそんな三十年ぐらい前に撮った……それぐらい前に撮った映画がね、三十二年後に小三治さんに観てもらえる、もらえた。すごいことだと思うんですよ、なんかそれ。すごくないですか。

編集　すごい。本当にすごい。

小林　それってすごく、嬉しいですよね。だって本当にあのときはね、撮影中は本当に大変で。すごい大変な映画だったんで、それを観てくださって、素晴らしかったなんて言ってくださると、あのときの自分に「おまえ、頑張れ。三十二年後に柳家小三治にほめてもらえるぞ」みたいな、そう言いたくなりますね（笑）。

小三治　あとね、僕が観たのは、映画は「かもめ食堂」以降ですけど、なかなかわかんないんですけど、悔しいからまた観ると、観るとわかることがある。前わかんなかったのに、これまでわかんなかったのにわかることがあって、何がわかるとかわかんないかっていう、そういう表現するのか自分でもわかんないけど、そういうことが出てくるんですよ。それをなんか自分で見つけるとか出くわしたりするとね、すごく嬉しいんです。そういう作品であったり、そういう人であったり。

小林　そう！　まさに出くわすんですよ。自分の人生にまさか落語が入ってくるとはっていうねえ。

本当ですよ。人生わからない、ねえ。

小三治　俺もわかんない。

小林　え？

小三治　俺もわかんない。まさか「転校生」に出くわすとは思わなかった。大人の童話とも子供の童話ともつかないような「転校生」なんていうものに、あんな感動してしまうなんてね、信じられないよ、本当ね。

小林　そうですよ。それも……三十何年も前の話ですからね。

小三治　いや、何年も経ったって、いいものはいいですよ。どうしてこれが世界の名画じゃねえんだって。いや、当然なってるだろうと思ったよ、最初観たときは。どうもそうじゃないらしいんだ。いろんな記録に出てこねえんだ。アメリカのアカデミー賞にも出てこねえしな。

小林　（笑）

小三治　それで、だんだんこの頃アメリカってものがどういうものかっていうのが、またほかのことで知るようになってくると、結局はみんな、なあなあじゃねえかよみたいなね。作るほうも選ぶほうも。日本の芸能界はね、どうしようもねえと思ったんだけど、結局みんなアメリカの真似ですから。私ね、ショーアップしたものって好きじゃないんです。だから、歌舞伎嫌いなんです。ええ。いや、でも、この頃はそんなに意固地になって嫌うことはないっていうものは出てきましたよ。いろんなことから、いろんなものを知るようになってきたから。でも、大げさを取っちゃったら何もないんだから。だから、ショーアップをするということは、西洋も東洋もかかわらず、好きは好きなんですね。ただ、私はなぜか性格的にショーアップされたものは好きじゃない。

小林　なんかそういうところも似てるでしょう？

（笑）

編集　似てます。そういう仲間に……。

小林　そういう仲間に出会えて。ショーアップ苦手仲間。

小三治　そうか、うん。どこかの惑星の普通の人だよ。普通の人ってとこがいいよね。

小林　ありがとうございます。

小三治　大衆の中に紛れてわからない人なんですから。そんな芸能人いませんよ。それどころか、大衆の中に入れば入るほど、ちゃんとひっそりしずめることができる。でも、出ようと思えば出られますよ、この人は。まあ、ステキな人ですよ。いい人に好いてもらったと思ってね、本当に。

小林　ありがとうございます（笑）。

小三治　嬉しい。ありがたい。「そうか、俺これでもいいのかな」ってときどき思うことある。小林君の話を聞いてて。話を聞いてるって、まあ、主に私の公演とかそういうものについて、小林君は多弁ではありませんけどね。それでもいいのかなと思うけど。そういうことなんですよ。

小林　いやいやいや、もう。こちらこそ、ありがとうございます。

川千家
川千家

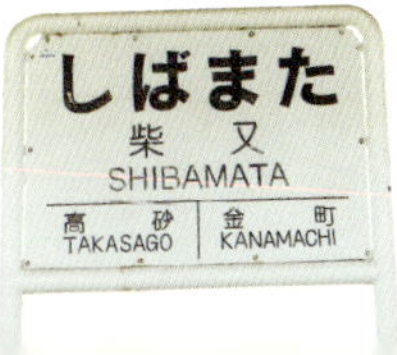
しばまた
柴又
SHIBAMATA
高砂
TAKASAGO
金町
KANAMACHI

仲見

仲見世
松下電器

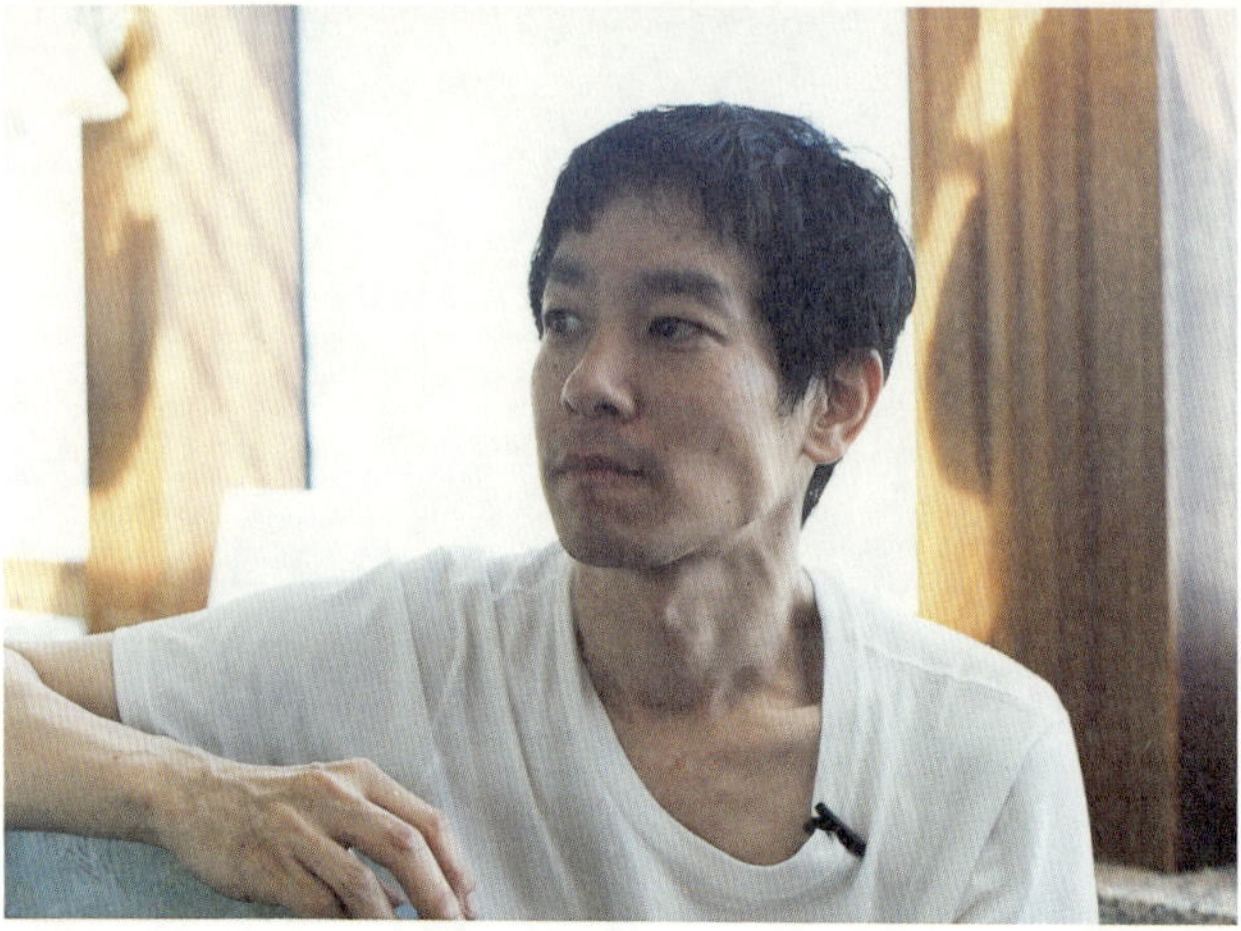

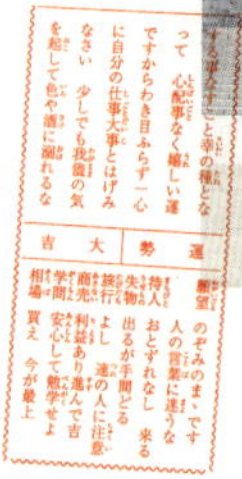
することなすこと幸の種となって 心配事なく嬉しい運ですからわき目ふらず一心に自分の仕事大事とはげみなさい 少しでも我儘の気を起して色や酒に溺れるな
吉 大 勢 運
願望 のぞみのまゝです
待人 人の言葉に迷うな おとずれなし 来る
失物 出るが手間どる
旅行 よし 連の人に注意
商売 利益あり進んで吉
学問 安心して勉学せよ
相場 買え 今が最上

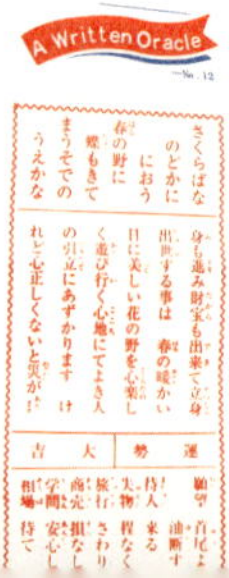
A Written Oracle
—No. 12
さくらばな のどかに におう 春の野に 蝶もきて まうそでの うえかな
身も進み財宝も出来て立身出世する事は 春の暖かい日に美しい花の野を心楽しく遊び行く心地にてよき人の引立にあずかります けれど心正しくないと災が
吉 大 勢 運
願望 首尾よ 油断す
待人 来る
失物 程なく
旅行 さわり
商売 損なし
学問 安心し
相場 待て

名前	6	7	8	9	10	得点
小林	5 4	9 -	1 -	6 3	1 8	70
	42	51	52	61	70	70/1
飯島	G 3	9 -	5 -	X	7 / X	98
	44	53	58	78	98	98/1

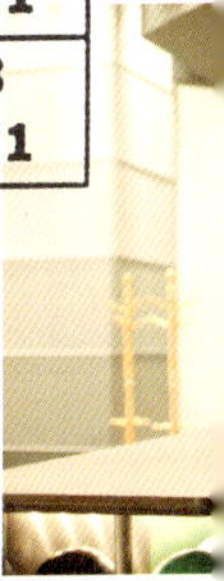

FUJIYA HOTEL
MIYANOSHITA
HAKONE JAPAN
富士屋ホテル

o Imaging

100

おわりに

散歩はひとりに限る。身軽な格好で、好きな路地を選んで、ふらふらウロウロするのは、かなり贅沢な行為だと思う。人ごみで息を止めれば、自分の姿形まで消えてしまうような錯覚は快感ですらある。この本は、そんなひとり散歩大好きなワタシが、ふたり散歩に挑戦した汗と涙の記録です。おまけに、対談。それも、こちらがゲストをお招きする立場であります。言ってみれば、ホステス。どれも苦手なことばかりです。まあ、正直なところ、そこまで気負ってはいなかったけれど、しかしだからこそ、まとまった対談を読んでみると、もっと気負えよ！　というくらい、グダグダです。でもそのいっぽうで、このグダグダこそが散歩の醍醐味じゃないか、と開き直る自分もいたりするのです。

散歩にお付き合いくださったのは、旧知あり、ほぼ初対面あり、大先輩ありとさまざまでしたが、どの散歩も一緒にグダグダを共有するのに心地よい方々ばかりでした。そしてグダグダな中にも、いつもよりきちんと向き合う〝ふたり〟の時間はとても貴重なひとときでありました。散歩の時間は心地よく愉しいものであるけれど、言ってみればカタチの残らないうたかたのひとときです。そんなはかないうたかたのひとときが活字になって残るというのは、ちょっと不粋で、こそばゆく恥ずかしいけれど、気持ちの良いひとたちとのひとときが、そこにあった、という形跡はワタシの心を温かくしてくれます。

二年間にわたって散歩を切り取ってくださったカメラマンの関めぐみさん、小嶋淑子さん、嶋本麻利沙さん、田尾沙織ちゃん、グダグダの会話を原稿におこしてくれた幻冬舎の御局こと菊地さん、そして、一緒に歩いてくださった皆さん、ありがとうございました。

散歩は一生続きます。それがどのくらいなのかまだ見当がつきませんが、これから先も続いてゆくはかないひとときを愉しみに、ワタシは散歩を続けるでありましょう。では。

二〇一二年十月　小林聡美

プロフィール

小林聡美　1965年5月24日生まれ。AB型。東京都出身。女優。

森下圭子　1969年5月12日生まれ。A型。三重県出身。フィンランド在住コーディネーター。

石田ゆり子　1969年10月3日生まれ。A型。東京都出身。女優。

井上陽水　1948年8月30日生まれ。AB型。福岡県出身。シンガーソングライター。

加瀬亮　1974年11月9日生まれ。B型。神奈川県出身。俳優。

飯島奈美　1969年8月17日生まれ。O型。東京都出身。フードスタイリスト。

もたいまさこ　1952年10月17日生まれ。O型。東京都出身。女優。

柳家小三治　1939年12月17日生まれ。B型。東京都出身。噺家。

本文デザイン　大島依提亜
撮影　小嶋淑子（森下圭子／石田ゆり子）
　　　田尾沙織（井上陽水／柳家小三治）
　　　嶋本麻利沙（加瀬亮）
　　　関めぐみ（飯島奈美／もたいまさこ）

協力　駒沢公園／浜離宮恩賜庭園／水上バス　TOKYO CRUISE／
　　　雷門　三定／増上寺／ザ・プリンス パークタワー東京／富士屋ホテル／
　　　東京タワー／巴町砂場

この作品は二〇一三年一月小社より刊行されたものです。
JASRAC出 1417080-401